# SUITE DE
# QUELQUES VUES
## SUR
# LES FINANCES.

A VERSAILLES, DE L'IMPRIMERIE DE LEBEL,
IMPRIMEUR DU ROI.

SUITE DE

# QUELQUES VUES

SUR

# LES FINANCES;

PAR UN SERVITEUR DU ROI.

VERSAILLES,

A LA LIBRAIRIE D'ANGÉ, RUE SATORY.

1816.

SUITE DE

# QUELQUES VUES

SUR

# LES FINANCES.

---

## DE L'APPRÉCIATION DE LA DETTE.

IL est peu de chose à dire sur le traité de paix, après les simples et nobles paroles émanées d'un Ministère, enfin mis en harmonie avec les sentimens du Monarque et le vœu de ses fidèles sujets. Cette triste France où les coalitions du crime et de la démence se sont vues investies, pendant vingt-cinq ans, d'une prééminence incontestée, reste sans aucun titre pour se plaindre, et des haines qui ont été suscitées de longue main, et des défiances que le temps n'a pas encore étouffées : si la fatale influence de ces causes ne s'étoit jetée à la traverse, on eût pu espérer sans doute que des vues magnanimes auroient adouci les rigides conditions que légitimoit le droit de la guerre et qu'invoquoit l'état des finances des Souverains alliés.

En s'exprimant ainsi, on sait assez combien de risques sont encourus à devancer la marche de cette vulgaire opinion qui se précipite avec fureur aux voies tracées par les passions, et qui, bientôt revenue de son vertige, ne garde plus la moindre mémoire, ni des erremens qu'elle suivit, ni des conseils qu'elle rebuta. On le sait : et comme ses faveurs ne tentent pas davantage que les appas de l'ambition, rien n'induit la plume à rebrousser contre le libre cours de la pensée.

C'étoit dès la première aurore de la restauration, que la France, rassise sur ses antiques bases, et rendue à sa destination native, devoit rejeter, par un acte de sa propre volonté, et les amers trophées de l'usurpation, et les funestes amorces de la diplomatie : c'étoit à cette époque favorite qu'une alliance indissoluble devoit se contracter entre le trône et la patrie; de sorte à prévenir la tentation même, au sein des scélérats, à résister contre les complots du poids de toutes les existences, à s'ensevelir sous les ruines de la monarchie, plutôt que d'attendre un aide auxiliaire pour en relever l'édifice.

Un fatal sort s'est joué de nos vœux futiles et de nos efforts incertains. Si le cœur resta pur, les bras furent coupables; et l'espoir, dépouillé de ses armes naturelles, se réfugia sous l'égide des Puissances alliées. Rien ne fut épargné de leur part : chacun admira l'audace et la fermeté des plans; le nombre des troupes et la vîtesse des mouvemens charmoient les désirs impatiens. On ne parle pas de l'or qui fut extrait avec tant de peine et répandu avec tant de profusion : on ne parle pas du sang qui coula à grands flots, comme en épargne du sang français.

Alors que l'anxiété régnoit partout, alors que la terreur planoit sur les têtes et sur les fortunes, alors que l'horreur, plus cruelle encore, se révoltoit à traîner une vie honteuse sous la verge infernale, où étoit-il l'homme assez lâche ou assez stupide, pour répugner au légitime prix de la libération du Royaume, pour chicaner aux termes obligés de ses garanties personnelles? Et à cette heure, où l'œuvre première est accomplie, quel est le Français fidèle qui ne pâliroit pas d'effroi, si les Puissances alliées, fatiguées de tant de vaines rumeurs, alloient retirer à l'Etat leur assistance tutélaire, et ne sacrifieroit, pour en conserver le bienfait, quelque part des richesses qu'un désastre nouveau devroit peut-être lui ravir en totalité.

C'est donc le devoir et c'est l'intérêt même qui étoient appelés à offrir le remboursement des frais de la guerre. Après que le secours fut réclamé, le moment est passé d'en peser les conditions : pendant que l'aide est encore invoquée, le temps n'est pas venu de s'exhaler en reproches. Il faut payer : il faut endurer la charge attachée à notre salut, la peine encourue par nos foiblesses ; et s'il étoit donné aux sources presque taries de la loyauté gauloise, de poindre et de percer sous l'immonde amas des décombres révolutionnaires, la France, en remboursant la dette la plus sacrée, ne resteroit frappée que du tardif regret d'en avoir attendu la sommation, que de l'éternel opprobre d'avoir rejeté au compte des étrangers, les dépenses d'or et de sang qui tomboient à son acquit.

Mais il ne faut pas pénétrer plus avant dans cette délicate matière, où l'être qui apprécie le mieux la dignité du nom français, doit être accusé peut-être par l'opinion égarée, d'en mépriser les prescriptions, où la naïve parole d'une ame flétrie sous le poids du scandale commun, ne doit rencontrer probablement que des esprits exaspérés au gré des plus folles et des plus viles passions. Les secrets de l'avenir, assez faciles à dévoiler, sous leurs ombres prochaines, porteront plus d'harmonie dans les rapports respectifs, en ménageant, d'une part, des diversions flatteuses aux angoisses de la pudeur, et de l'autre, de propices compensations aux anxiétés de la crainte.

On n'entend pas exciter à la violation des engagemens contractés : comme il n'existe ni d'impuissance à les tenir, ni de moyens pour s'en décharger, la droite foi, de même que le droit sens, se trouvent également enchaînés. Mais la politique, semblable en ce point à la victoire, est soumise à des oscillations périodiques; et les remises convenues dans les cabinets, portent autant de légitimité que les quittances soldées sur le champ de bataille.

La vue capitale et primordiale des Alliés, dans le système des indemnités, s'est moins dirigée encore vers le but d'assurer le remboursement de leurs frais, que vers la double fin d'infliger une dure leçon au parti révolutionnaire, et d'affoiblir ses ressources, au cas qu'il ravît de nouveaux succès. Or, le temps est à l'œuvre, pour disséminer ses agens, pour miner ses espérances, pour réprimer jusqu'à ses moindres tentatives : bientôt elles vont être également étouffées, et ces clameurs éparses dont l'arrogance décéloit la futilité, et ces inquiétudes triviales qui, seules leur prêtoient une ombre de consistance.

C'est alors que les cabinets étrangers, fourvoyés et précipités hors des routes accoutumées de la prudence, par l'impulsion irrésistible des plus sensibles souvenirs, rentreront dans des erremens plus libres, plus stables, et mieux assortis à leur sécurité future; c'est alors qu'au lieu de cette nation supposée dont l'image mi-partie royaliste et mi-partie déloyale, vient troubler et altérer les conceptions naturelles, il ne se présentera plus aux sens émus de l'Europe, que le noble et touchant tableau d'un peuple repentant de ses erreurs, restitué à son caractère natal, et rallié de cœur comme d'esprit autour du trône de salut et de grâce.

Et même sans prendre repos sur des présages aussi certains, comment ne voit-on pas que le cours dilatoire des années est doué d'une influence protectrice? L'émoi originel des passions s'affaisse sur lui-même, ou s'alterne par l'effet des dérivations nouvelles;

les Etats se remettent au pied de paix; la force d'inertie succède à la puissance de l'action; les armes cèdent devant les conseils, et la balance, renversée sous les coups de celles-là, se rétablit à l'aide de ceux-ci. On pourroit citer un fait analogue : la Prusse, isolée de tout le continent et asservie par le glaive du moderne Attila, restoit cependant fort en arrière de l'accomplissement de ses charges.

Mais d'autres assistances plus honorables se prédestinent déjà au soutien des vœux et des intérêts de la France. Il n'est pas difficile de porter un regard certain aux transactions futures de la diplomatie; l'Europe est plus éloignée que jamais d'être assise et fixée en équilibre; et le congrès de Vienne en se refusant de tenir au salutaire *statu quo* de 1789, n'a réussi qu'à jeter entre les Princes et les peuples, entre les puissances et les puissances, des principes interminables d'anarchie et de foiblesse dans l'intérieur, de discorde et de guerre au dehors.

Dès-lors que la question est intervertie, il y a lieu à une solution toute contraire. C'est l'Europe entière que menacent à cette heure les destins, pendant que la France enfin sortie d'épreuve, est appelée au calme parfait; ce sont les cabinets alliés qui s'agitent et se tourmentent à l'envi au milieu de ce dédale nouveau, alors que le nôtre se repose en toute sécurité aux aides issues de la nature des choses, ou prêtées par le choc des dissentions voisines.

Indomptable autant qu'impassible, exempte de crainte ainsi que de prétentions, la France, au lieu de susciter un fatal effroi, ne commande plus que la foi et le respect : sa parole contient ses armes, et ses armes protègent sa parole. Quels que soient les reviremens tumultueux et les conventions transitoires de la politique extérieure, tantôt d'une part, et tantôt de l'autre, ou plutôt de part et d'autre à la fois, les négociations souvent déçues et toujours inquiètes, s'empressent de réclamer ou son alliance, ou sa neutralité, ou sa médiation.

La France est stable et fixe : c'est assez pour que tous les élémens étrangers frappés d'impulsions diverses, et poussés dans des directions opposées, viennent comme à leur insu, comme en dépit d'eux, se coordonner autour de ce noyau imperturbable. Le cabinet des Tuileries devient le pendule obligé qui compense les oscillations, qui amortit les perturbations du systême continental.

Et ce n'est pas que cette mission glorieuse

doive être appuyée par des armées actives et permanentes : leur montre seule auroit plutôt l'effet de livrer l'Etat au même jeu que les Etats voisins, de le dépouiller de la toge arbitrale, et de lui imposer la cuirasse des combats. Tout le charme gît dans l'inertie, dans la quiétude ; il suffit de la capacité native de puissance ; il suffit de ce renom guerrier que le malheur même n'éclipsa jamais, et dont l'éclat n'est que mieux réfléchi par les haines.

Dans la lice bientôt ouverte, on voit tous les peuples luttant entr'eux, se disputer pas à pas le terrein, se combattre de toutes les forces, de toutes les ruses réunies ; et leurs coalitions intestines formées avec un art semblable, se balancent parfaitement aux termes des derniers efforts. Que faut-il alors pour emporter l'un ou l'autre bassin ? Un grain y réussit aussi bien qu'un quintal ; un grain comporte également le poids spécifiqne, le poids efficace. Ainsi Venise, et Gênes, et Amsterdam, ces foibles républiques, ont long-temps donné la loi aux plus vastes Empires.

Il faut le dire, et c'est sans orgueil, puisque l'orgueil, jadis indigène en ce noble royaume, s'est exilé pour des siècles, de notre mémoire flétrie par tant d'opprobres : de même que le Roi est plus nécessaire à la France que la France ne l'est au Roi, de même aussi et par une cause analogue, la France est plus nécessaire à l'Europe que l'Europe ne l'est à la France.

Voilà le grand mot ; voilà la parole éternelle : et devant cette parole, la vague bouillonnante des passions recule à l'abord des parages français. L'armée alliée est tombée par deux fois, à la façon de la foudre ; l'Etat n'existoit plus ou n'existoit pas encore ; c'étoit assez d'un acte, d'un geste, et ses débris réduits en poussière, n'attendoient leur raccord que de la lointaine magie des temps. Mais le mot tutélaire s'est fait entendre au même instant et comme par instinct, dans le for intérieur de tous les Souverains, de tous les Ministres, de toutes les nations, et la France est restée la France.

Qu'on rende grâces à l'auteur de la nature, et qu'on prenne repos sur ses faveurs ! Les divers Empires du continent changeront tour à tour de face avant que ce Royaume ait été renversé de ses bases. Si c'étoit qu'un Prince seul prétendît l'attaquer, l'envie et la défiance sa compagne, lui garantissent aussitôt l'alliance des autres Princes. Si c'étoit que tous les Monarques pussent s'entendre un moment pour cette œuvre impie, la discorde s'entremet à l'avance dans les conseils, de sorte à paralyser leurs armes; et devant l'autel où la victime seroit entraînée, ce sont les vainqueurs mêmes qui s'égorgent entr'eux, ce semble pour lui offrir un sacrifice expiatoire.

O France! tu ne périras jamais. Et tels sont les décrets d'en-haut, que tant de démences et de forfaits, que tant de justes haines et de libres vengeances, coalisés de toutes parts pour te porter le coup fatal, se voient toujours arrêtés par un doigt invisible, au moment de frapper.

On s'est laissé entraîner par ces inspirations, par-delà la borne qu'imposoit la froide pensée. Mais elles ne sont pas étrangères au sujet principal : il falloit dire que les charges réparties sur l'avenir, alternent de nature et ne suscitent pas d'inquiétude; il falloit montrer que deux années ont la valeur d'un siècle après des crises aussi étranges, et que la politique la plus loyale prend sans hésiter à son compte, les échéances rejetées à long terme; il falloit appeler et légitimer un ordre de mesures dont la prolongation indéfinie seroit absurde, au même point que son application temporaire est indispensable.

Une assistance subsidiaire se présente pour entrer en alliance avec ces présages certains, et fermer toutes les voies à la répugnance comme à la pusillanimité. Pour peu que le systême fiscal n'entrave pas le cours naturel des choses, à peine 1816 et 1817 seront écoulés, que l'aisance générale se trouvera tellement relevée, et la puissance royale tellement raffermie, qu'il deviendra licite de rentrer largement aux erremens accoutumés de l'impôt.

Ainsi donc l'imagination troublée et presque attérée, est autorisée à se décharger du faix énorme de tant de chiffres, de tant de dates : ainsi il ne reste sous les regards du Gouvernement, que ce juste espace de temps où l'esprit humain est habile à fonder et à rallier ses calculs souvent vagues et souvent discords. Deux années forment un cycle complet où se limitent les opérations fiscales : c'est en élevant un mur de fer par-delà ce terme, qu'il sera donné à l'opiniâtre labeur d'explorer enfin un champ de chaos, si ténébreux jusqu'à cette heure.

Et cependant les grâces de nature, les

chances de fortune, les aides de génie et de caractère, auxiliaires indomptables et incorruptibles, demeurent à poste fixe sur les confins de la ligne imposée, veillant et la nuit et le jour, travaillant sans relâche et sans obstacle, et poursuivant en plein accord leurs communes fins, à l'effet de garantir contre toute atteinte les destinées irrévocables du royaume éternel.

---

## DE L'IMPUTATION DES CHARGES.

Il faut d'abord se bien persuader qu'il y aura de toutes les manières une somme importante de pertes et de souffrances. Quel que soit le système du Gouvernement en fait d'impôts et d'économies, il lui appartient plutôt encore de tenir une équitable balance entre les désastres privés, que d'en réduire fortement la quotité ; tantôt ce sera l'effet immédiat, et tantôt le contre-coup indirect de ses plans dont le mal dérivera ; et son attention est surtout appelée à en apprécier les résultats avec un scrupule égal, car il arrive trop souvent que ceux de cette dernière sorte se dissimulent à ses regards.

C'est ainsi que les suites prochaines de certaines mesures frappent davantage, que les conséquences éloignées de quelques subsides : ces dernières s'effectuent avec lenteur et comme en silence, de sorte à ne point porter d'impression aux sens, tandis que les premières, plus vives et plus voisines, troublent et inquiètent l'imagination ; les unes sont confinées aux secrets inconnus de la province et de la campagne, et les autres tiennent leur siége principal au sein bruyant des échos de Paris.

En mettant de côté toutes les considérations de nature personnelle, et sans même tenir compte du nombre comparatif des individus, c'est la chose publique qui vient de toute sa puissance, s'entremettre dans le débat, et qui va prononcer l'arrêt définitif. Entre les malheurs imminens de part ou d'autre, l'équilibre doit être emporté par l'intérêt indivis et commun de la force et de la richesse nationale; et les êtres investis d'un emploi actif et productif, acquièrent sous cette égide, le droit de prééminence vis-à-vis les êtres voués à un état passif et stérile.

En point de vue général, la richesse de l'Etat ne se soutient qu'à l'aide des profits habituels que le travail extrait des capitaux, et ne s'élève au-dessus du pair qu'au moyen des épargnes qui se prélèvent sur des profits accroissans : autant la consommation finale ou la consomption tend essentiellement à la miner et à la détruire, autant la production ou l'application utile du travail aux matières, agit constamment à l'effet de la rétablir et de l'améliorer.

La question se tranche aussi nettement,

lorsqu'on compare entr'eux, l'intérêt de la classe productive et l'intérêt de la classe consomptive : il est même tout-à-fait indifférent de prendre celui-ci pour point de mire, ou celui-là pour point de départ ; les méthodes d'analyse et de synthèse donnent un résultat semblable, et la contre-partie vient en garantie de la première épreuve.

En remontant jusqu'au principe des choses, il paroît plus juste de considérer la consommation sous le titre de la fin essentielle et radicale des sociétés, de sorte que la production soit réduite au rôle de son agent obligé. En effet, la destination innée de tout être organique réside au libre et plein exercice de ses fonctions : vivre et jouir, renferment toutes les prescriptions de la nature : le travail et les capitaux n'ont de prix, qu'en tant que leur intermède est nécessaire pour atteindre à ce but.

Mais il faut se bien entendre ici. Si cet axiôme est incontestable, ce n'est qu'en saisissant la consommation dans sa généralité, en l'envisageant comme une sorte d'abstraction. Le privilége qui lui appartient en masse, n'est plus applicable à ses diverses branches prises à part, par cela même qu'elles sont en opposition entr'elles : on nuit à l'une aussitôt qu'on sert l'autre ; et la seule voie pour les protéger également, est de favoriser la production dont elles tirent leur nourriture commune.

C'est ainsi que l'intérêt productif devient par le fait l'intérêt capital de la société. Le travail en est l'instrument : dans l'ordre civilisé, son produit dépasse les frais de son entretien, et l'excédant est applicable à la subsistance des êtres stériles ; il s'ensuit que ses gênes ou ses repos forcés, frappent du même coup sur la classe qui en est exempte, comme sur celle qui y est consacrée. La moindre quantité des denrées produites, est retenue alors en entier pour les besoins du travail ; et si l'enlèvement en est opéré par force, leur réduction future n'en devient que plus certaine.

Cependant de telles vérités sont difficiles à faire entendre au sein de cette grande ville, où la consommation a fixé son siége exclusif ; tant que l'impôt remplit le trésor et ménage le revenu, rien n'y trouble la quiétude des citadins oisifs. Et sans doute lorsqu'un tel ordre de choses est possible à soutenir, il y auroit de l'impéritie à compromettre le sort du foyer central des sciences et des beaux-arts, il y auroit de la cruauté à briser une chaîne d'habitudes qui se sont contractées à l'ombre des lois et du temps.

Mais dans des occurrences aussi pénibles, cet ordre porte en lui-même le principe essentiel de sa propre ruine. Paris vit de l'impôt et du revenu, et ce qui convient à l'un, sied de même à l'autre : or, l'impôt étant extrait du produit, éprouve de plus en plus des difficultés dans sa perception, si celui-ci est atténué par l'effet des mesures fiscales : la charge s'aggrave relativement sur le fonds qui doit y subvenir, et les faux frais s'adjoignent au premier coût ; de là le produit diminue progressivement de quotité, de sorte qu'à bout de compte, l'impôt, prêt à l'absorber en entier, ne peut plus s'exercer.

Ainsi c'est Paris qui devroit élever la voix contre lui-même. Le cœur cesse bientôt de battre, après que les artères lointaines sont coupées : le propriétaire d'une terre isolée, qui feroit vendre le mobilier de ses tenanciers, seroit bientôt forcé de labourer ses champs pour ne pas mourir de faim. Paris peut opter, ou de prendre la voie des économies, et d'opérer au besoin un prélèvement sur son capital, afin de balancer quelques années de malaise, ou de s'exposer, par le refus d'altérer ses habitudes, au danger de tarir les seules sources qui fussent capables de les entretenir.

En tout cas, ses sacrifices, qui, par leur bienfait même, se limitent sous un court espace de temps, et portent toutes les sécurités futures, vont s'adoucir dès à présent par des compensations dont le reste du royaume est exclus. La Cour et la garde royale, l'abord des voyageurs, l'affluence des solliciteurs, promettent de maintenir ses ressources au-dessus du pair des dernières années.

Eh! que servent ces vains discours? L'enfant gâté de la fortune ne sauroit se corriger avant d'être tombé au fond de l'abîme qu'il creuse, en riant, sous ses pas : à travers toutes les phases anomales de l'orbe révolutionnaire, et de même sous les rayons si purs, quoique pâles encore, de l'aurore restauratrice, il est constamment demeuré au pouvoir de la reine des cités, ce sceptre sourd au gémissement, et aveugle en ses prétentions, qu'elle ravit au jour du 14 Juillet.

L'opinion naît et meurt dans Paris. S'il s'agit de l'honneur français et de l'intérêt national, c'est comme un fantôme à mille formes, qui, d'un jour à l'autre, ne se ressemble par aucun trait, et ne se rappelle plus de son masque dernier : s'il est question de la vanité et de l'avidité citadine, cette borne formée d'un canon de fer, et plantée à dix pieds de profondeur, ne reste pas plus impassible, plus imperturbable sous le coup des vents et de la foudre.

Quelle est la plume qui retracera les annales d'une opinion tour à tour si variable et si tenace dans ses fins, et toujours également futile dans son principe? Quel est le génie qui dévoilera les secrets de sa conception fortuite et de sa propagation spontanée? Il n'a pas été dit encore pour quelle immense part, est entrée dans nos vertiges respectifs, cette susceptibilité indigène, qui ne peut résister à l'influence magnétique de l'homme, et devant qui la force des raisons doit céder au poids des clameurs.

On ne sait d'où, et on ne sait comment, l'opinion dont dépend parfois le sort de l'Etat, se crée et se couve dans les salons mêmes, où le défi ne sembloit lancé qu'entre les mines et les pirouettes : et mille échos postés à l'affût se chargent de la transmettre avec la rapidité de l'éclair, d'en imprégner tous ces lambris, aussi impatiens de s'en repaître aujourd'hui, que de s'en délivrer demain.

Dès-lors il n'est plus de puissance capable de louvoyer contre la tourmente : le génie et la vertu même assis au timon de l'Etat, se sentent entraînés à la dérive, à travers les écueils; et les nautonniers, neufs à la manœuvre, ou discords entr'eux, désespérant de cingler jamais vers le port, abandonnent les voiles incertaines à la fureur des bourrasques.

Paris règne et la France est esclave. Paris régnera tant qu'elle ne sera pas accomplie, cette haute mesure, commandée sous tant de rapports, qui se laisse ajourner à l'époque du calme, tandis qu'au contraire le retour de l'ordre n'est attendu que de son exécution : Paris régnera, et sous sa loi, désormais libérée de pudeur et de crainte, on entendra encore, de manière ou d'autre, proclamer à la commune tribune du royaume, ce tant périlleux argument, que le faubourg Saint-Antoine préfère l'impôt sur les sels à un emprunt progressif.

Cependant ce n'est rien que d'avoir appelé l'éveil d'une voix trop foible et perdue au désert sur l'enivrement exercé par la magie de Paris, au mépris de la pensée et de la conscience. Il resteroit à accomplir pour quelque Démosthène nouveau, qui sauroit pénétrer et commander au for intérieur, une charge non moins difficile et toute aussi importante.

Tel est en France l'état peu avancé de la civilisation, que pour éviter des dangers à l'ignorance, et des forfaits à l'ambition, il devient indispensable de limiter l'éligibilité, à la classe des propriétaires. En n'examinant les conséquences de ce plan que sous le rapport de l'impôt, il s'y développe sans doute toute la force possible de résistance contre son exagération en général; mais d'autre part, ne doit-il pas y poindre et s'y fixer, un principe naturel de tendance envers le systême du dégrèvement des terres?

Bien que chaque membre, pris à part, ne fût sensible qu'aux vœux de la morale et de la politique, aussitôt que tous les députés sont mis en contact, la moindre commotion imprimée au hasard, suffit pour frapper tant d'élémens identiques, pour les exalter de proche en proche et les coaliser dans une masse indissoluble autant qu'homogène.

C'est vainement que par une faveur signalée de l'auteur de la nature, toutes les relations respectives se trouvent en harmonie dans la société; c'est vainement que les vues les plus hautes de l'équité, et les plus profondes vues de la sagesse, se marient admirablement avec les prescriptions bien entendues de l'égoïsme. Le passage délicat n'en est pas moins âpre et rude à franchir : il s'agit de déterminer en faveur des intérêts futurs et permanens, une balance apprise à céder sous le poids des dictées instantes ; il s'agit de refouler au fond des ames, cet instinct inné qui n'est éveillé que par le risque imminent, et de briser comme au sein même de l'existence, ces chaînes d'habitude dont se compose presque en totalité, sa trame lentement ourdie. . . . . . . . . . .

On a parlé ; on a donné l'avis salutaire. Les forces se sentent mille et mille fois inférieures à la mission d'exécuter l'œuvre ; et déjà une ambition aussi timide en espérances, que téméraire dans ses essais, n'a que trop encouru le danger, le reproche peut-être de faillir à toutes ses fins, en n'y mettant aucune limite. . . . . . . .

On se tait, ou plutôt on se réduit à une considération dérivée de l'état présent des choses, qui semble investie du double avantage de ne point se jeter à l'encontre des préventions opiniâtres, et de ne point s'offrir au litige interminable des discussions : c'est en s'adressant au cœur même, en se manifestant aux sens, que la vérité recouvre ses droits à l'empire. . . . . . . . . .

L'abîme du 20 mars s'est ouvert et s'est

comblé sous une ère de cent jours. Il n'est besoin de dire les angoisses du moment, ni les terreurs de l'avenir : on demande seulement où en gisoit le siége. Sans doute la douleur étoit de sorte à gagner tous les rangs de la société; mais son intensité ne pouvoit être la même, au milieu des travaux comme aux secrets du repos : et du moins l'anxiété dévorante n'admettoit point de partage; le trait fatal qui s'émoussoit devant le tutélaire bouclier de l'obscurité, pénétroit sans peine à travers le sein découvert de la naissance et de la fortune, et se retournoit cruellement dans la plaie, de jour en jour aggravée.

Nous voilà! voilà les débiteurs du 8 juillet! Eternels obligés de la Providence, jamais une telle dette ne sera dignement soldée; et les à-comptes de paiement, toujours foibles et tardifs au gré de la gratitude, ne peuvent loyalement s'imputer qu'au dégrèvement de ses plus malheureux enfans. La charge tombe à qui implora le secours, à qui recueillit la faveur, à qui rencontra le salut; et si elle devoit se revêtir du caractère de peine, nul ne l'auroit encourue à ce titre, autant que ceux-là dont les devoirs et les lumières élevoient un boulevard plus puissant, au-devant de tant d'erreurs, de tant de foiblesses, de tant de vanités.

## DU SYSTÊME D'ÉCONOMIES.

Il est inutile de se dissimuler que les économies quelconques doivent jeter dans le dénûment un certain nombre d'hommes : la nécessité qui le commande atténueroit à peine le regret, s'il ne s'y mêloit la flatteuse compensation d'éviter ainsi de plus grands maux, si l'espérance ne s'y joignoit d'induire ainsi une portion de ces êtres froissés à rentrer dans un ordre plus utile à l'Etat. Et encore rien ne sauroit dispenser de les aider aux premiers momens, d'alléger un passage difficile pour eux, de secourir enfin ceux qui manquent de force pour le franchir.

Le respect dû à l'infortune permet à peine d'exposer que cette classe renferme une part considérable d'individus dont la conduite ne garde de droits qu'à la pitié et non pas aux faveurs du Souverain, et une part beaucoup plus foible de fidèles serviteurs qui dès longtemps étrangers aux jouissances recherchées de la vie, n'ont contracté d'autres habitudes que celles de l'abnégation.

Plutôt que de soumettre à des gênes sensibles, à des sacrifices réels, ceux de ces derniers dont la fatalité a dévoré toutes les propriétés personnelles, il faudroit que la puissance manquât pour faire subvenir à leur aide, les fortunes qui ont été respectées par les fureurs de l'infernale déité. Mais on osera le dire, quoique privé de mission pour voter sur un sujet aussi haut; il est une grande quantité de personnes qui se sont faufilées dans la voie des grâces pécuniaires, soit au titre incontestable de leurs services, soit au moyen de leurs manœuvres subreptices, bien qu'une situation opulente ou aisée n'en indiquât pas le besoin, et par conséquent n'en conférât pas le droit.

On en appelle à leur conscience : ne doit-il pas s'y élever quelques scrupules, d'absorber à leur bénéfice des fonds réclamés par tant de désastres honorables, de percevoir une part souvent indue et toujours superflue au tribut des misères publiques, d'imposer un nouveau faix de tourmens à ce Monarque déjà chargé d'un fardeau si pesant ? S'ils furent enflammés de dévouement, faut-il que ce beau feu s'éteigne avant que ses fins ne soient garanties ? S'ils ne surent jamais manier que les armes de l'intrigue, faut-il que nul sentiment d'honneur ne surnage plus dans leurs sordides cœurs.

Tels n'étoient pas nos ancêtres, aux temps de cette féodalité qui, proscrite au déclin naturel de son existence, dans le dessein de la ressusciter sous une forme nouvelle, se montra seule capable de fonder l'harmonie et de créer une patrie parmi des hommes épars et grossiers : tels n'étoient pas nos pères mêmes, que l'ascendant inné des nobles habitudes dominoit encore en dépit de la ruine progressive des mœurs, et dont notre mémoire, fidèle à l'affection filiale, auroit dû conserver quelques traces intactes, sous les atteintes de la lime révolutionnaire.

Pendant ces deux époques, c'étoit un devoir que de servir l'Etat; et l'orgueil plus ou moins haut qui s'attachoit à l'exercice des fonctions publiques, sembloit en limiter le salaire légitime : l'épée et la robe se trouvoient trop fières pour contracter alliance avec la pécune; les charges n'étoient pas tenues en nature de ferme, et le grade ne s'envioit pas en simple proportion de ses gages : il étoit peu d'emplois où le titulaire, bien loin d'amasser de honteux profits, ne fût entraîné à des dépenses souvent ruineuses.

Et c'est ainsi que les serviteurs du Roi,

dans tous les ordres de la hiérarchie, pourroient conquérir cette prééminence d'opinion, cette prépondérance de volonté, qui rend si simple et si facile, si prompte et si sûre, l'action tutélaire du Gouvernement. C'est ainsi que ce peuple, plus malheureux encore par l'anéantissement de ses coutumes que par l'exagération de ses pertes, devroit renaître avec le temps, aux sentimens d'amour pour le trône et de foi envers la patrie.

Que la France, jusqu'à cette heure trop superbe pour admettre aucun parallèle, toujours ambitieuse de s'isoler dans sa sphère étroite, et jamais jalouse de connoître ni d'imiter les autres nations, ne daigne-t-elle jeter un coup-d'œil sur l'exemple récent de la Prusse? Ce pays exalté par la gloire du fameux Frédéric, se croyoit placé au-dessus des tempêtes; la fierté y élevoit son drapeau favori, et sous cet abri hasardeux, la mollesse et la corruption s'insinuoient parmi les habitans. Mais la foudre est tombée, comme elle tombe d'ordinaire, à l'improviste et à l'insu de ses victimes; les ravages et les contributions ont anéanti en un moment toutes les ressources. L'Etat va-t-il se dissoudre? Est-ce la plainte puérile ou le désespoir caduc dont les refuges vont être mendiés? Il n'en est rien. Le malheur retrempe les ames et rallie les esprits ; la patience souple et ferme à la fois, tient tête à l'orage passager : c'est aux autels de l'économie qu'on invoque des secours. Simple et grand dans sa simplicité, le Monarque se réduit aux erremens d'un particulier obscur ; la cour et la ville suivent sa loi : et dès-lors le peuple souffre en silence, presque avec joie, ou du moins non sans espérance ; et dès - lors ce peuple réuni et fondu en une seule masse, n'attend que le signal de son Prince, pour se précipiter au-devant des vœux de l'Europe et de la France.

Les jours en sont venus, et la leçon en est donnée du haut de ce trône magnanime, qui ne semble restitué à la France que pour lui désigner les voies de l'équité, de la sagesse et de la tempérance. Que ne sommes-nous dignes de notre Roi ? Que ne délaissons-nous ce faste oiseux de représentation, et ces futiles dépenses d'ostentation ? L'homme en dignité ne devroit se distinguer de l'homme privé, que par l'éminence du caractère, et les fonctions civiles seroient d'autant mieux constatées par le degré même des privations. Henri IV et Sully ne cédoient point en autorité, au Régent et à ses ministres ; l'arbre vénéré de ce bois qu'il n'est plus permis de nommer, rencontroit autant de respect que les lits de justice de Louis XIV.

Et pourquoi ne peut-on espérer de voir ces exemples imposans, se propager parmi toutes les classes de la société, de sorte à porter de libres subsides au trésor royal, et des aides certaines à la richesse nationale? Tout y engage cependant, et tout l'ordonne : les vêtemens de deuil dont se couvre déjà l'infortune déméritée, prêtent encore un voile plus sortable à qui n'en sut pas repousser les traits, à qui veut s'en exagérer les désastres : tant de délits et tant de méprises, tant de bassesses et tant de lâchetés, sont appelés enfin à donner des signes de résipiscence, à se presser devant les autels de l'expiation. On ne sauroit dire combien le fardeau s'allégeroit aux imaginations populaires, en se répartissant dans un rapport progressif, en s'appesantissant davantage à raison même de l'élévation des rangs, à raison des torts plus graves ou des faveurs plus hautes dont le sort les investit.

Ainsi parle l'homme isolé, et sa parole vaine ne frappe que les airs. Tel le juge sans titre pour avancer une opinion, de manière qu'au lieu d'être admise ou réfutée, elle se voit rejetée par des fins de non-recevoir : tel y rencontre quelque analogie avec sa pensée, ou plutôt avec ses sentimens, il est frappé un instant, et bientôt est détourné, soit par des distractions fortuites, soit par des suggestions intestines. L'un ne veut pas pouvoir, et l'autre ne peut vouloir.

La magique influence du faste et du luxe dont ceux-ci se servent pour entraîner vers leurs fins, et par laquelle ceux-là sont dominés en dépit de leurs vœux, cette influence tacite qui pénètre également aux bords les plus opposés à travers la dissolution de tous les liens sociaux et qui commande à l'aurore de la restauration, de même que sous les feux brûlans de l'usurpation, se jette au-devant des simples et nobles prescriptions. Chacun n'aspire qu'à dominer, et n'existe qu'afin de jouir; le trône est relevé dans les vues de l'égoïsme, plutôt que pour les joies du dévouement; et ce n'est rien que le succès soit payé par l'honneur, le repos et l'espoir, tant que la pécune lui refuse ses perfides faveurs.

Soudainement empruntée d'un régime ennemi, la coutume a déjà repris son suprême empire; les vainqueurs sont changés en esclaves; et délivrés de leurs fers par un acte de grandeur d'ame, ils ne semblent plus empressés que de les river à nouveau. Fatale déité, lorsqu'il étoit si facile de lui susciter des oracles propices, on préfère de se soumettre aux arrêts dictés par le crime et la démence. Fasse le ciel que la peine ne suive pas l'erreur, et que le repentir, enchaîné à la suite du malheur s'il doit arriver trop tard, ne vienne jamais en aggraver l'atteinte.

Cependant il se présente du moins des sortes d'économies où la vanité n'apporte aucun obstacle, et qui ne sont entravées que par l'indolence et la routine des bureaux. En mettant à part les contributions directes, on voit que les autres branches du systême fiscal coûtent 80 millions de frais de perception, sur un revenu de 300 millions; les droits réunis et les douanes paient à peu près 30 pour cent, tandis qu'en Angleterre la dépense ne s'élève que de 3 à 10 pour cent.

Il y a donc un vice capital; et s'il est difficile d'en développer toutes les causes, on est frappé d'abord du nombre d'employés inutiles et presque oisifs. Des choix sévères, un fort traitement, une rigide surveillance, en épargneroient une grande partie; il seroit convenable aussi de les intéresser par des primes ou par des remises à l'exercice de leurs fonctions.

D'un autre côté leur service se réduiroit

en

en amortissant l'esprit général de fraude; et à cet égard, pendant que de fausses idées de liberté formées à l'école de la révolution, retiennent l'action du Gouvernement, il arrive que des habitudes perverses, contractées aux mêmes bancs, s'évertuent et se coalisent contre ses efforts. Il faut de la force pour lutter contre le torrent; il faut de la force pour fonder les mœurs et propager l'intégrité.

Les peines doivent être rigoureuses. L'aide des instructions et l'ascendant des magistrats, dont on ne fait aucun usage, sont propres à éclairer l'erreur, à retenir la foiblesse : hors de ces limites, tout est crime. Des peines diffamantes et des amendes proportionnelles seroient de saison; la récidive appelleroit double et triple punition.

Les tribunaux doivent être inflexibles. Ce but ne sera atteint qu'en les rendant spéciaux, en leur conférant un pouvoir discrétionnaire. Tous les risques sont évités au moyen des bons choix, et les avantages sont certains : comme la loi ne peut prévoir les circonstances particulières, son arrêt est prédestiné à frapper comme au hasard; et les juges révoltés se dissimulent trop souvent le délit, de peur d'y appliquer une peine insolite. Il faut prêter des yeux à la loi, dès-lors qu'elle est aveugle : c'est en elle-même que réside essentiellement l'arbitraire, tandis que ses agens n'y sont exposés qu'accidentellement.

Et avant tout, s'il est toujours nécessaire de colloquer à la tête des régies un homme étranger à la matière ; s'il est nécessaire que la fonction aille se saisir d'un nom bruyant au lieu d'être obtenue par le mérite éprouvé, du moins il paroîtroit expédient de lui imposer un conseil formé des régisseurs les plus expérimentés. Ce n'est pas de l'intrigue et de la loquence, mais de la pratique, et rien que de la pratique, qu'il importe sous ces rapports.

Il sera peut-être plus facile encore d'introduire le système d'économie, aux dépenses de l'intérieur. On ne parle pas des secours publics ni des primes offertes à l'industrie, car dans ces momens de gêne, tout engage plutôt à augmenter leur montant, quoi qu'il en coûte pour y subvenir.

Mais les travaux publics présentent une grande latitude aux épargnes, bien que la manie, cette puissance invisible qui dispose de l'opinion française, se trouve en opposition contre une telle mesure. Le salut du trône et le maintien de la richesse publique, voilà toute la loi de ces temps-ci : et loin qu'il soit séant de s'élever contre le versement des centimes additionnels, dans la caisse générale de l'Etat, ce seroit un devoir maintenant d'en établir l'usage s'il n'étoit pas en pratique. Faudroit-il croire que les hommes les plus sages n'attachent jamais d'importance qu'aux minces détails dont leurs sens sont frappés, où leur capacité s'exerce tout à l'aise ? ils s'agitent aujourd'hui à seule fin de restituer un fonds considérable à des dépenses d'agrément, et demain ils seront amenés à voter des charges accablantes pour la population et pour la production.

En réalité, le défaut d'entretien des routes ne constitue qu'un impôt sur la consommation, et c'est le moins nuisible de cette catégorie. Le commerce n'est point en droit de réclamer à l'encontre : son intérêt y est même presque nul, attendu que ses avances lui sont bientôt remboursées; et ses titres, tout importans qu'ils sont, passent en dernière ligne après tous les autres titres de l'industrie.

C'est sans aucune raison, que le commerce a joui jusqu'à cette heure d'une sorte de prééminence qui souvent lui nuit en dernière analyse, et plus souvent nuit au véritable intérêt social. Il fait un métier de colporteur; il sert de planche entre la production et la consommation : l'autorité est réservée à l'une ou l'autre de celle-ci, d'élever leurs plaintes, soit qu'elles se voient lésées par ses priviléges, soit que ses entraves leur portent préjudice. Et cependant, comme il forme une coalition habile et constante, d'ordinaire sa voix seule est entendue et est obéie à leur grand détriment.

Cette ébauche entamée par occasion et presqu'aussitôt abandonnée, sur la nature du commerce, ramène naturellement à l'examen d'une machine qui est établie en vue de ses intérêts privatifs. La marine ne tient nullement à la chose publique que par la cornière éloignée de l'intérêt mercantile, et détachée comme elle est, ne rentre en rapport avec l'Etat que pour lui porter son compte de pertes et exiger des sacrifices propres à les couvrir.

L'idée d'une marine militaire ne seroit jamais tombée dans les têtes les plus fanfaronnes, si la prétention des colonies n'en avoit à l'avance engendré et couvé le germe. On ne se bat pas à l'effet de se battre et pour la seule fin d'être vainqueur ou vaincu : il est besoin de quelques causes, de quelques prétextes qui puissent prêter une base préliminaire, au gigantesque échaffaudage de la gloire guerrière, bien qu'au faîte et même sur les degrés inférieurs de cet édifice, personne ne garde plus la moindre notion des fondemens sur lequel il s'est élevé. Il n'importe en rien quel en fût le motif : depuis long-temps l'honneur a confiné sa sphère, jadis plus étendue et mieux désignée, au mépris pur et simple de la mort, et en France plus qu'en nul autre pays, toutes les fois qu'il y aura à mourir les armes à la main, la foule des candidats se pressera dans la lice trop étroite.

Il faut revenir au principe primordial. Le systême colonial se prévaut des divers avantages de former des matelots, de nourrir le commerce, de fournir ses denrées propres et d'accroître le capital national, à l'aide de ses épargnes.

On ne peut convenir des trois premiers points. L'utilité de former des matelots, tourne en entier au profit de la marine, et la marine même n'est érigée qu'en faveur des colonies, de sorte que c'est rentrer dans un cercle évidemment vicieux. Quant à l'argument de nourrir le commerce, la même méthode est assez convenable pour l'apprécier; et de plus, comme on vient de le dire, le commerce est colporteur de son métier : il ne crée point un accroît gratuit de valeurs ; son salaire se distrait du capital de la richesse nationale au lieu de se prélever sur des profits tendant à l'augmenter.

On est plutôt frappé sous ces deux rapports, de la haute considération, que les bras absorbés par la marine et le commerce, sont enlevés ainsi à des emplois réellement productifs, qui sont offerts en quantité dans l'intérieur, et qui restent en chômage à leur défaut.

La fourniture des denrées coloniales ne séduit pas davantage. La consommation constitue la fin essentielle de la société ; et son intérêt, qui dès-lors se confond avec l'intérêt général, n'est affecté que par les différences du prix vénal : pour peu que le commerce étranger accoure à son appel, pour peu qu'il remplisse ses besoins à moins de frais, la préférence lui est légitimement accordée sous ce point de vue capital.

Mais un certain nombre de colons dépensent leur revenu, ou consolident leurs épargnes au sein du royaume, en accroissant ainsi la rente ou le capital national : et ce bienfait n'est pas à dédaigner. Il s'agit seulement d'examiner dans quelle proportion, il se trouve avec le coût annuel d'hommes et d'écus, avec les frais et les maux éventuels de guerre, que leur possession entraîne inévitablement.

On ne dira qu'un mot de la guerre. Rien n'est plus facile que de faire l'addition de ses déboursés depuis cent ans, et de prévoir l'influence plus funeste encore qui doit en dériver désormais à l'égard des relations européennes. Guerre sur mer et sur terre, perte d'hommes ici et là, perte d'écus de toutes parts, tel est le produit net du systême colonial.

Et pourquoi ne pas épargner du moins les désastres de la guerre maritime, où les existences et les capitaux sont prédestinés à s'engloutir à l'avenir plutôt encore qu'au passé, jusqu'au moment où la fortune aura déshérité l'Angleterre de ses longues faveurs? C'est dans le Hanovre et la Belgique qu'il faut conquérir nos îles; c'est par des alliances continentales qu'il convient de leur assurer des garanties; c'est au progrès de la force et de la richesse publique, qu'il importe de fonder leurs boulevards.

Sans doute notre marine ne seroit pas bastante aujourd'hui, ni demain, ni après-demain; chacun en est d'accord et s'en remet aux soins du temps. Mais comment ne voit-on pas qu'elle doit être assaillie et anéantie, avant que les armes ne deviennent égales ? En élevant une marine, on déclare la guerre ; en élevant une marine, on concède les colonies à un terme préfixe ; en élevant une marine, on ruine le commerce étranger aux îles, on détruit l'industrie intérieure, on embrâse l'Europe et on aventure la France.

Il faudroit du sens. Chaque Etat, ainsi que chaque être porte sa vocation obligée : c'en est fait de l'Angleterre si elle ne domine les mers, et son dernier écu, ainsi que son dernier homme, sont voués à cette tâche, par la force même des choses : du côté de la France, les dépenses sont presque au pair, tandis que l'avantage n'est pas d'un contre dix ; et les victoires même n'importeroient de rien, car la perte en passeroit le profit.

Chaque Etat se trouve apte et dispos à jeter plutôt telle ou telle sorte de productions ; la règle suprême est de se limiter à la sorte qui consomme moins de frais, qui expose à moins de risques, qui garantit un revenu net et plus intense et plus durable. Qu'on se repose alors ; c'est le fait du commerce de venir offrir, par voie d'échange, les denrées qui manquent ; et les bénéfices sont acquis à l'Etat dès-lors que la somme des épargnes excède le coût des emplois.

Que diroit-on du propriétaire de quelques arpens propres à une culture spéciale, s'il essayoit d'en extraire tous ses besoins de première nécessité ? Sa terre lui donnoit en froment, un profit net de 60 francs par arpent, tandis que, forcée à porter la subsistance du mouton, elle n'en fournira pas 30 ; et la prétention de se vêtir d'une laine indigène, aboutira, en dernière analyse, à doubler le prix de ses habits.

# DES ÉPARGNES DE LA GUERRE.

Des considérations de l'ordre le plus éminent, se précipitent et tombent sous la plume, comme si elle étoit destinée à s'immiscer, aujourd'hui même, dans tous les secrets des délibérations politiques, dont tant de foiblesse et tant d'inégalité n'appeloient pas la mission. Il s'agiroit, si les moyens s'élevoient au pair des vœux, de refouler vers ses obscures sources, le torrent indompté de la routine, et de s'élever jusqu'aux vagues régions de l'imagination, pour combattre et enchaîner l'hydre renaissante de la vanité.

On va parler d'une de ces questions, qui par une méthode trop appropriée à la nature de l'esprit humain, se résolvent d'emblée et comme au préalable, sans que les données aient été pesées, sans qu'il se soit établi de discussion : l'idée n'est pas même survenue que ce pût être un sujet de problême, et c'est au titre d'axiôme incontestable, que la conviction s'est saisie et emparée des opinions ou plutôt des volontés.

La première parole qui se hasarde à l'encontre, se voit menacée de paroître sacrilége; car les articles de foi éludent les atteintes de la raison et dérivent d'une sorte de sphère, où son invasion devient illicite : comme leur établissement ne s'est point fondé sur des notions réelles, ne s'est point cimenté à l'aide des réflexions, il n'y a moyen de l'attaquer, ni par l'analyse de celles-là, ni par la balance de celles-ci. Il semble de ces fantômes magiques, qui privés de corps et même privés d'être, défioient sans coup férir, le bras des plus vaillans paladins.

Telle est la voie par laquelle l'organisation de l'armée royale s'est trouvée entendue de prime abord et entreprise à l'avance, sans qu'il ait été fait aucun appel aux puissances de l'esprit, aucun essai de délibération et de résolution, aucun doute sur la convenance ou l'urgence de l'exécution. La tâche doit être rude de rechercher des motifs qui ne se sont pas même avoués à la pensée, et de présager des résultats qu'elle a si bien réussi à se dissimuler.

L'institution d'une armée considérable ne sauroit avoir que deux fins réelles, les garanties au dehors et la sécurité dans l'intérieur : il s'agit de voir si son influence y est utile ou plutôt n'y est pas nuisible.

Rien n'engage à porter un œil indiscret sous les voiles de la diplomatie, de cette science occulte dont les adeptes, semblables aux anciens alchimistes, gardent pour eux le secret et souvent le profit, de cette science justement accolée à la coquetterie, où l'artifice des procédés est invoqué pour remplacer les droits et les moyens de succès. Il n'est jamais donné à ses clandestines manœuvres que d'arracher quelque répit dilatoire, et cet apparent bienfait est le plus souvent compensé par la surcharge des sacrifices.

Le fer et l'or comportent de tout temps les poids qui marquent au bastin des négociations : c'est seulement depuis l'érection d'un certain équilibre entre les empires, qu'une puissance prépondérante est venue se jeter à la traverse ; et cette puissance de nature neutre, se crée et se fonde nécessairement en dehors de l'Etat qui doit en recueillir les faveurs.

On l'a dit ailleurs : il faut une France à l'Europe, comme il faut un Roi à la France. Si cet axiôme d'origine surnaturelle, fut efficace pour retenir sous de justes limites, l'effervescence combinée des haines, des vengeances et des inquiétudes, son ascendant doit se consacrer d'autant plus, à mesure que le laps du temps aura amorti ces tristes fermens, et suivant que les erremens du Gouvernement calmeront, au lieu d'exciter les causes renaissantes de défiance et de jalousie.

La France est forte de toute l'intensité de l'intérêt européen ; elle est forte de sa gravité intrinsèque, plutôt que de ses mouvemens factices, de son imperturbable calme, plutôt que de ses vaines agitations. Telle est la terreur inspirée par la pesante mémoire de vingt-cinq années, que son existence politique se sustente sans frais, au compte du passé ; telle est cette terreur, assez démontrée par des actes récens, que le faste ostensible de ses ressources, et l'orgueilleuse montre de ses armes, soulèveroient aussitôt toutes les passions de l'Europe, et coaliseroient contre elle, sous des liens de fer, tous ces cabinets dont le débat devoit se soumettre à son impartial arbitrage.

Le péril ne sauroit émaner que du sein même des sauve-gardes inconsidérées ; nulle menace ne peut s'élever, si ce n'est des défenses assises au hasard et tournées à rebours. On croiroit voir ces paratonnerres malencontreusement établis, qui n'empiètent arrogamment au domaine des airs, que pour donner l'éveil à la foudre, et en diriger les éclats sur un édifice où rien ne l'attiroit.

Et que diroit-on si, dans le moment même où une vaniteuse parade de forces vient conspirer contre la sécurité extérieure de l'Etat, son effet immédiat devoit être d'affoiblir ses moyens et d'abattre ses espérances? On va le voir cependant; on va sentir qu'une armée hâtivement composée d'élémens discords, qu'une nation fatalement tourmentée par le faix des subsides, ravissent au trône sacré, les deux appuis que lui portoit le libre cours du temps.

Dans cet état vacillant et scabreux des choses, il surviendroit bientôt aux cabinets étrangers mal faciles à abuser, et l'inspiration forcée de prévenir l'effrayant retour des chocs révolutionnaires et la conviction certaine d'y apposer sans peine, la seule borne capable de les réprimer.

Ainsi donc les plus belles destinées se verroient trahies : ainsi ce noble royaume, toujours poussé vers sa perte et sauvé cette fois par un dernier miracle, se trouveroit peut-être dissous : et ses provinces disloquées par la violence, isolées par la défiance, opprimées par les vengeances, resteroient dans une agonie interminable, toujours impatientes de se rallier et jamais appelées à y réussir.

Mais l'instant qui porte déjà conseil, porte encore secours : un mot sauve la France et des bords de l'abîme la transporte au faîte. L'attente et le calme, voilà la dictée de l'oracle. Que les Souverains s'accordent ou se divisent, l'Etat se fixe de même dans la plénitude de sa puissance et marche d'une allure progressive vers ses fins illimitées : une magnanime gravité impose les lois de sa médiation à tous les différends de l'Europe; une sérénitéi mpassible conjure dès l'origine, les coalitions du soupçon et de l'effroi.

Et quand même les dissentions n'y mettroient pas obstacle, qu'importe alors l'insurrection des gouvernemens alliés? la France se voit reforgée par l'amour et contenue par le respect : nourrie à l'abri des épargnes accumulées, la richesse nationale s'est rétablie au point de satisfaire à tous les appels du gouvernement; et les existences ainsi que les fortunes n'attendent que l'occasion de manifester un dévouement tutélaire.

Faut-il parler des troupes? quelques années n'auront pas réduit le nombre immense des militaires, n'en auront pas rouillé la vaillance ni émoussé les habitudes : il suffit d'un signal pour réunir trois cent mille vétérans, pour créer des armées organisées d'emblée ; les pierres se changeroient plutôt en soldats, alors que le cri de guerre viendroit à les frapper.

Or à cette heure il n'est plus de risques ni de craintes. L'ennui a déjà aboli les souvenirs décevants, la solitude a glacé les passions contagieuses : une diversion étourdissante annulle les opinions et concentre les intérêts ; les anciens levains se fondent avec les fermens nouveaux, dans une pâte homogène. Que la trompette sonne et il ne reste que deux races sur le globe, le Français et l'étranger.

Le défi est donné. Où sont les cœurs capables de l'accepter et les moyens sortables pour y répondre ? on les rechercheroit en vain : jamais un désastre parjure ne se faufilera à travers les sermens de la victoire, tant que les vertiges du chef ou la discorde parmi les rangs, ne se posteront pas en antagonismes vis-à-vis l'indigène héroïsme.

Il s'agit maintenant de considérer l'établissement d'une grande armée sous le rapport de la tranquillité intérieure.

On n'est point du nombre de ces gens qui,

après

après avoir naguères, flétri l'armée entière, du nom de perfide et d'infâme, applaudissent à cette heure au projet de la faire rentrer sous le légitime drapeau : des inspirations fausses et plus souvent d'indignes suggestions, les ont du moins égarés d'abord ; et l'ambition ou la versatilité les rejette dans un égarement plus funeste encore.

L'armée en masse ne fut point criminelle. Obéir et combattre, renferme toute la morale du soldat : les habitudes étoient invétérées et l'esprit n'avoit point été corrigé ; il existoit une impossibilité physique à suivre l'impulsion des nobles et justes sentimens. C'est au compte des chefs que doivent se rapporter et toute l'horreur et toute la vindicte, car l'intensité du forfait se fixe en raison combinée du point dont il est issu, du titre sous lequel il s'est accompli, du résultat qu'il a produit.

Et encore toute odieuse qu'étoit la levée des sabres et des baïonnettes, la plus forte charge pèse sur ces lâches bouches et sur ces avides plumes, qui par leur adhésion spontanée, furent seules capables de consacrer l'acte de la rebellion, de légitimer sous le prétendu voile de l'opinion nationale, celui qui n'étoit jusque là et ne devoit rester que le chef diffamé de quelques forcenés.

Mais il n'importe : l'intention et l'exécution même du crime tiennent souvent à une démence passagère et souvent sont suivis du remords expiatoire : le caractère, jusqu'alors à peine altéré, ne se déprave que par les suites de désordre et de scandale qui en dérivent, par les effets du blâme et du mépris qui s'y attachent, par les retours d'aigreur et de vengeance qui s'élèvent à l'encontre. La tourbe nationale toute indifférente qu'elle étoit aux principes de la révolution, ne s'est pas moins pervertie par la seule influence des actes où elle s'est laissée entraîner ; et le soldat des bords de la Loire, errant et incertain sous l'étendard royal, est plus ulcéré que le guerrier combattant à Waterloo sous les enseignes ennemies.

Il n'étoit que l'ennui et l'isolement pour refréner des suscitations aussi involontaires, pour rompre et détourner le cours des souvenirs enivrans : quelque temps de retraite rendoit au Monarque, des militaires neufs de caractère et vieux de bravoure.

Il n'en sera point ainsi. Ces hommes dont le délit, quelque grand qu'il pût être, se tramoit dans une sphère étrangère à leur esprit de corps, et laissoit à l'écart cette sorte d'honneur factice qui leur étoit propre, encore mal résolus à se rallier sous le signe sacré de la patrie, sont cependant forcés d'y rentrer, si la taille et l'air martial flattent l'amour-propre des colonels, tandis qu'un pouce de moins rejette au loin les mieux disposés d'entre eux.

Ces hommes qu'il falloit abandonner aux efficaces leçons de la solitude, aux mouvemens variables de leur libre pensée, à l'ascendant progressif de la force des choses, maintenant mis en contact et encadrés par ordre avec des volontaires que le sort guida dans une voie meilleure et dont les succès enflent le jeune courage, vont être aigris par la comparaison humiliante des plus justes faveurs et exaspérés au milieu d'une constante vie de discorde et de reproches.

Ces hommes toujours vaillans et longtemps vainqueurs, qui n'ont perdu ni la mémoire ni l'espérance des triomphes, enfin soustraits à l'empire funeste de leurs anciens chefs que le genre de goûts et de mœurs amalgamoit si parfaitement avec eux, sont placés sous les ordres d'officiers, tous braves, loyaux et généreux, mais différens de manières, inexperts au métier et souvent nouveaux au feu de l'ennemi.

On ne sauroit présager s'il doit renaître

des troubles, et de quel point ils peuvent s'élancer : dans la série anomale des phénomènes où l'astre de la patrie se vit soumis à tant de perturbations, une telle recherche passeroit les bornes de l'humaine sapience. Mais rien ne se consolide que par le temps; devant que son œuvre soit accomplie, il est besoin de se couvrir de toutes parts, pour parer avec certitude à l'endroit foible; et n'est-il pas manifeste que des élémens amoncelés sans mesure et organisés pour la forme, menacent de fonder un écueil au sein de la France, au lieu d'élever autour d'elle une digue inviolable?

Toutefois une armée est indispensable, sera-t-il dit, pour assurer le maintien du calme, pour donner de la force au Gouvernement, pour protéger la rentrée des subsides. On ne peut nier le fait, si les mesures fiscales doivent être de nature à obérer, à révolter cette masse nationale, aussi facile à troubler qu'à réduire : et qui pourroit dire, à quel nombre il faudroit porter les troupes, alors que tant de fermens seroient mis à la disposition des factions? qui pourroit répondre dans quel sens tourneroient les troupes, alors que la généralité du peuple dont elles sont issues, et où elles sont disséminées, seroit initié à leurs longues habitudes d'aigreur et de défiance.

Mais d'où provient la nécessité d'aggraver les subsides ? Ce n'est pas en raison des armées alliées, car la dépense est à peu près balancée par les épargnes du ministère de la guerre : ce n'est pas en raison des contributions de guerre, car la somme est facile à remplir sans recourir aux voies de l'impôt.

Les subsides sont requis pour l'entretien de l'armée, de même que l'armée est érigée pour la levée des subsides. On tombe ainsi dans un cercle vicieux : annullez un des termes de l'argument et l'autre devient nul : qu'il n'y ait plus d'armée, il ne faudra plus de subsides ; qu'il n'y ait plus de subsides, il ne faudra plus d'armée.

Rien ne reste donc en litige, si ce n'est ces fatales suggestions de la vanité, dont le poids qui ne s'estime pas d'un scrupule, aux balances du droit sens, bouleverse cependant à lui seul le merveilleux équilibre rétabli par la providence et confié aux soins de la sagesse.

On doit aller plus loin. La contagion se propage comme l'éclair entre les rangs de la société, tant les opinions sont influencées, tant les relations sont multipliées : et ne connoît-on pas le Français? S'il pense et sent d'une manière dans ce jour, c'est un signe presque certain, qu'il pensera et sentira autrement dès demain : sa pétulente imagination confond tellement les espoirs et les désirs, qu'elle est toujours déçue en résultat; son esprit versatile est comme tout d'une pièce, et sitôt qu'il se retourne, c'est toujours bout pour bout : la haine veille à côté de l'amour; le dédain suit de près le respect; et du faîte à l'abîme, il n'est qu'un pas.

S'il fut jamais licite à la Chambre des Députés, d'élever une voix forte jusqu'au pied du trône souverain, s'il fut jamais possible que le système représentatif compensât par une démarche enfin salutaire, les graves et immenses inconvéniens qui lui sont inhérens, voici que le lieu se présente et que le temps y échoit.

Jusqu'à cette heure, les corps législatifs ont constamment omis le point le plus essentiel de leur mission. En fait d'impôts, leur office s'est borné à critiquer par manière d'acquit, et à consacrer, non sans quelque humeur, les projets de budget : il est à naître encore que la conscience se soit agitée, que la raison ait été éclairée, à l'égard du montant des dépenses et surtout des dépenses militaires. Et pourtant, non-seulement le titre, mais encore la force leur est conférée sous ce rapport, par la prérogative même de se refuser à l'impôt.

En Angleterre, puisque dans un ordre exotique d'institutions, il faut rechercher sur un sol rival, les conseils de la jurisprudence, le vote des forces de terre et de mer est proposé avant celui de l'impôt : il s'établit une discussion ; il se forme une résolution : alors seulement, la chambre basse est tenue d'accorder les subsides nécessaires.

En France, au contraire, tout se traite par un seul acte, tout se passe au même moment : l'impôt est voté en proportion de l'armée, et l'armée à raison de l'impôt ; de sorte qu'une simple méprise de part ou d'autre, laisseroit des soldats sans pain ou des écus sans emploi.

Il faudroit enfin entendre dans son ensemble, et accueillir ou récuser en totalité le mécanisme obligé du système représentatif. Entre les pouvoirs législateurs, on voit le ministère s'entremettre sous la forme d'une puissance ambiguë et équivoque : l'autorité dirigeante dont il est investi, réagit à chaque instant et contre les volontés du Souverain et contre l'opinion des Députés ; il se fait fort du trône auprès de la Chambre, et de la Chambre auprès du trône. En les neutralisant ainsi, rien ne lui devient plus facile que d'exercer un despotisme absolu.

Par cela même que cet établissement prête au ministère un certain degré de prépondérance vis-à-vis de son maître, il rentre au devoir plutôt encore qu'aux droits de la Chambre, de le contenir sous un rapport analogue de surveillance. Si la France entière eût fourni à grand'peine des garanties plus éminentes que n'en présentent les Ministres actuels, on est forcé de reconnoître qu'il n'est donné à personne d'apporter des sauve-gardes assurées contre les tentations de l'erreur; et c'est l'erreur bien plus que les délits, dont dépend le destin si aventuré des Empires.

Puisse donc un ordre légal se fixer enfin! Puisse la Patrie inspirer aux Chambres de tutélaires conceptions sur la consistance de l'armée! Les bureaux et les comités secrets n'ont point de fonctions mieux appropriées: et leur légitime destination sera ainsi restituée à ces vagues et pénibles séances, trop souvent employées à discuter des projets émanés en vertu du fatal droit de l'initiative, dont le principe se rattache d'ordinaire aux suscitations mal voilées de l'ambition personnelle, et dont les résultats tendent constamment à exciter la défiance devers le Gouvernement, à déterminer l'isolement entre le Roi et la Patrie.

Alors peut-être, il sera démontré qu'un nombre de cinquante ou soixante mille hommes, s'allieroit en même temps aux besoins et aux moyens de l'Etat, qu'un choix plus sévère et une solde plus haute garantiroient d'autant mieux l'armée, et qu'ainsi l'établissement militaire fourniroit une épargne de plus de cent millions, à soustraire de la masse des subsides.

---

## DES ALIÉNATIONS.

Si on a été assez heureux pour rendre manifeste ou du moins présumable, que les subsides imputés au compte du revenu, s'acquitteroient souvent aux dépens du capital, il reste seulement à opter entre les capitaux et à frapper immédiatement sur le moins précieux. Or il est impossible de douter sous les rapports de l'équité et de la richesse nationale, que la propriété publique ne soit mieux désignée à cet effet qu'aucune sorte de propriété privée.

C'est par une éminente faveur des destinées, que la totalité du patrimoine de l'Etat s'est conservée et même améliorée, à travers la proscription de tous les droits, et la spoliation de tant de domaines, de tant de créances personnelles. On croiroit voir un trésor qui tombe du ciel et nulle aumône ne rencontra de telles nécessités : autant le tort fut grand de s'en servir pour un emploi abusif, autant seroit haute la folie de le ménager dans un besoin urgent. Jamais une crise semblable ne sauroit affliger la France : les causes les plus contrastantes, s'accordent pour l'obérer d'une part, pour l'appauvrir de l'autre ; et rien que cette ressource miraculeuse ne lui porte l'espoir de se relever à son niveau naturel.

Il n'est donc plus lieu de s'appesantir sur la question de l'importance des forêts royales : ce qui fut problême alors que les argumens s'exerçoient tout à l'aise dans l'esprit, subit une solution finale sous le coup de la force des choses.

On conçoit fort bien les angoisses de ceux dont la foi robuste, se repose complaisamment aux triomphes futurs de la marine, sans prendre la peine d'apprécier ni de tristes souvenirs, ni des présages encore plus tristes : si leur croyance devoit se revêtir de quelqu'influence, il est de certaines prescriptions dans les contrats d'aliénation, qui peuvent assurer toutes les garanties désirables. Quant aux bois nécessaires aux besoins de l'intérieur, il faut s'en fier à une puissance plus valide que la prudence humaine : c'est le marché qui fait la loi : la justice, de même que l'iniquité, sont indifféremment soumises à ses décrets ; et souvent l'avidité impatiente de pousser le prix des enchères, verra ses espérances déçues, se briser comme un verre devant l'impassible limite.

Il faut vendre : tel est l'ultimatum que dictent les intérêts du trône et du peuple, de la force et de la richesse nationale. Les conditions imposées au nom de l'obscur avenir, n'entrent pour rien dans la balance : le taux du denier vénal est étranger à la résolution, ainsi que le vœu spécial de la marine; et si quelques considérations sont valables en vue de protéger l'un ou l'autre, elles deviennent illicites, à l'effet de résister au principe capital.

Les ventes seront avantageuses d'autant qu'elles s'offriront aux convenances privées et s'opéreront sans entraves pour la liberté : c'est à la marine et au trésor public de débattre entr'eux sous ce dernier point de vue; le premier doit être accordé sous les restrictions convenables au bien de l'Etat.

Les ventes seront avantageuses d'autant qu'il y aura moins de bois en concurrence et qu'il sera donné de plus longs termes pour le paiement. C'est surtout dans ces sortes d'aliénations que les prétendans sont leurrés par l'appât des échéances lointaines, qui les induit à l'espoir de solder avec les rentrées mêmes, sans être forcés de délier la bourse : les frais d'escompte supportés par le trésor, n'équivaudront jamais à la moitié du bénéfice ainsi acquis sur le capital du prix. Et en accordant de fortes remises sur les paiemens anticipés, l'Etat acquiert la certitude de palper tous les capitaux qui incombent aux acheteurs.

A l'égard de la quotité annuelle des ventes, ce sont les mêmes motifs qui pressent et retiennent à la fois, tellement que la question ne peut se trancher qu'à forfait : en laissant toute liberté dans la jouissance et une certaine latitude au choix, en concédant quelques années de terme, il seroit peu dangereux de porter les aliénations jusqu'à cent cinquante ou deux cents millions de capital : il paroîtroit même assez probable que les ventes s'éleveroient davantage dans les premiers temps, attendu que la masse des bois mis à bas, en doit bientôt faire baisser le prix, au-dessous du taux supposé par l'imagination. Du reste les propriétés privées qui vont être aliénées, consomment des capitaux d'un ordre différent, et font ainsi peu de diversion à une spéculation aussi tentante par le calcul des coupes que par la longueur des échéances.

Il convient cependant d'organiser le mode

d'exécution, de sorte à soulager le marché déjà surchargé de tant de biens, en y appelant une plus grande affluence de fonds. Il falloit être en 1814, pour établir que la loi devoit rester étrangère à une opération de deux cents millions, qu'une feuille de papier étoit mal employée à recueillir des instructions précises, et que ces vaines colonnes de journaux n'étoient pas désignées pour publier la mise des bois en vente. Tout ira bien, pour peu que 1816 suive le contre-pied absolu de 1814.

Les expertises toujours vagues et souvent vénales devroient être surveillées de près et vérifiées après coup : les projets d'aliénation devroient être répandus par toutes les voies et de longues mains ; les adjudications devroient être soumises à des délais suffisans, reprises à plusieurs fois et même renvoyées en cas d'enchères trop foibles. Quoi qu'en puissent dire certaines gens, ce n'est pas assez que d'allumer trois bougies et de les laisser s'éteindre, pour être assuré d'obtenir le meilleur prix possible.

Les forêts de l'Etat valent environ huit cents millions de capital. Il a été aliéné la valeur de cent millions peut-être : en vendant jusqu'à trois cents millions dans les deux premières années, il en restera la moitié. Or avec les ressources présentées, ce produit met au pair des besoins et la réserve garantit encore quelques moyens pour les occurrences futures.

Le second ordre des aliénations est relatif aux charges et offices. Il est libre d'appliquer telle expression qui choquera le moins, à l'obligation contractée par le titulaire, de verser une certaine somme au trésor royal : le seul point essentiel consiste en ce que le Gouvernement garde le droit de destitution et la faculté du remboursement.

Tous les subsides portent le commun caractère, de forcer les intérêts privés à s'évertuer au profit de l'intérêt général, et de transformer la bourse spéciale de chaque contribuable, comme en une fraction indivise de la caisse nationale. Cette fonction obligée est toujours pénible à remplir, quelle que soit la classe qui en est grevée : entre des gênes à peu près égales, il s'agit seulement de chercher comment l'Etat souffriroit moins du contre-coup. Dès-lors toutes les présomptions appellent la charge sur les personnes dont l'emploi n'est pas immédiatement productif, et dont le sort est enchaîné aux destins de la chose publique.

On conviendra que cette obligation forme en quelque manière, un double emploi avec l'ajournement des salaires d'une année à l'autre. Il n'est pas possible de cumuler ces deux moyens, jusqu'à un point fort élevé; la préférence devra se décider entre l'un ou l'autre; et probablement les convenances réunies du trésor et de l'individu, engageront plutôt à les combiner ensemble dans une proportion modérée.

On ne propose que de concéder en viager, le droit d'exercer les emplois et les offices; l'Etat y trouvera son profit, car telle est la puissance ineffable de l'égoïsme, telle est l'habitude d'une existence incertaine, que les titulaires ne mettront pas la différence du quart, entre le prix d'une concession à vie ou en hérédité; et en compensation de ce léger sacrifice, les décès viendront pour autant, à compte des remboursemens.

Les intérêts viagers du cautionnement, pourroient être soldés sous la forme d'annuités calculées d'après les probabilités de la vie: par ce mode, les gens âgés seroient amenés à fournir une somme aussi forte que les plus jeunes; il s'y joindroit aussi l'avantage en cas de destitution, de ne soumettre leurs successeurs qu'au service des annuités, ou en le laissant au compte du trésor, de les obliger à un nouveau cautionnement.

L'Eglise se trouve hors de ligne à raison de la dignité de sa mission : l'administration générale est écartée de même, attendu que ses fonctions requièrent un rare degré de talens et de garanties, et sont sujettes à des révocations instantanées. Le militaire qui pourroit s'y assujettir dans d'autres temps, invoque en général des hommes ruinés par l'effet même du dévoûment, d'où dérivent leurs droits ; et plus que jamais la nécessité est urgente de le fonder sur les seules bases de l'honneur, sans y allier le moindre élément de pécune.

Hors de ces limites, tous les emplois sont passibles de la mesure. La judicature se présente en tête : une mise de fonds y appelle la fortune, et la fortune y fixe la considération ; le versement du prix au trésor, assure des sauve-gardes subsidiaires : enfin le nombre de ses membres, trop élevé en proportion de la besogne, se réduira ainsi, de sorte à répondre encore mieux à ces deux fins importantes. Les gages de la judicature doivent se monter de dix à quinze millions, et on n'entend pas que la dépense diminue à mesure des réductions : or des charges honorables et inamovibles, ne sont pas trop chèrement acquises au prix de trois années du revenu ; ce seroit alors une ressource d'environ quarante millions.

L'énumération de tous les offices, ne pourroit se compléter que dans les bureaux des divers Ministères. On indiquera seulement les commissaires des guerres et les inspecteurs aux revues, les agens de l'enregistrement et des forêts, les employés des ponts et chaussées, les directeurs des postes aux lettres. Les appointemens de ces divers ordres de fonctions, s'élèvent peut-être de vingt à trente millions ; et l'œuvre est encore plus facile d'en obtenir le paiement de trois années du revenu, un peu plus ou un peu moins suivant la progression des profits fixes ou éventuels.

Il y auroit aussi un travail de vérification à établir quant aux agens des régies dont une partie est déjà soumise à des cautionnemens : il conviendroit d'en régulariser le taux, d'après l'extension des traitemens et des remises, de sorte à faire payer trois années au-dessus de six à huit mille francs de salaire, deux années jusqu'à trois mille et une année au-dessous. La dépense totale étant d'environ quatre-vingts millions, l'excédant à fournir monteroit à une somme importante.

Enfin certaines classes d'individus qui

jouissent du droit de monopole dans l'exercice de leurs états, sont légitimement désignés pour subvenir aux mêmes charges. Les notaires, agens de change, avoués, huissiers, et les maîtres de poste se présentent sous ce titre, tant ceux qui ne sont pas taxés encore, que ceux qui ne le sont pas assez.

On ne parlera point du rétablissement des maîtrises et jurandes qui apporteroit cependant un secours notable au trésor royal. La question doit être divisée à cet égard, attendu qu'elles s'adaptoient aux deux classes tout-à-fait différentes de fabricans et de simples marchands : sous le premier rapport, le Gouvernement est enchaîné par la crainte de nuire à la production : sous le second, il semble au contraire que ses prescriptions tendroient à rejeter quelques hommes oisifs vers des emplois utiles et à prévenir la perte de capitaux qu'entraîne une trop grande concurrence; mais ce n'est pas le moment d'agir dans ce sens, lorsque d'une part le travail est privé de commande, et que de l'autre, le cours déjà ancien des choses requiert justement de grands ménagemens.

En somme les aliénations d'office en viager garantissent une ressource de cent cinquante à deux cents millions, susceptibles de rentrer dans les deux premières années sans trop de gêne pour les contribuables.

## DES ANTICIPATIONS.

On a essayé d'établir qu'il falloit s'occuper seulement du service des deux premières années. Toutes les sortes d'aides s'accumulent à l'expiration de ce terme, les remises de la dette, l'accroît des impôts, les négociations, les constitutions d'emprunt et au besoin, les nouvelles aliénations de forêts : il y a de quoi prendre un plein repos, sur ce concours de garanties indépendantes les unes des autres.

C'est à ce titre, qu'il est permis de se livrer aux anticipations, dont le système analogue à la méthode des annuités, ne sauroit se prolonger au-delà d'une certaine époque : et encore une telle ressource n'est mise en avant, au moins en grande partie, qu'à l'effet de subvenir au déficit imprévu des aliénations et des contributions, qu'à l'effet de parer aux surcharges nécessitées par le refus des épargnes convenables.

Pour le moment il y a peu de chose à dire sur les négociations et les émissions de billets : on est d'ailleurs fort mal habile dans l'artifice des combinaisons financières où la charlatanerie et la forfanterie sont appelées le plus souvent, à jouer le principal rôle; et par cette raison même, cette sorte de mesure, ne peut s'ordonner et se diriger que dans les secrets du cabinet ministériel.

Deux points cependant semblent commander l'attention. Il y auroit moyen de se donner un mouvement de trente à cinquante millions, par l'intermède des billets des monnoies, sans gêner aucunement la libre circulation des espèces. Il seroit possible aussi d'obtenir une aisance permanente de cinquante à cent millions, à l'aide des bons de caisse admissibles pour partie dans les ventes et dans les recettes : sous ce dernier rapport ce n'est qu'un crédit à très-courtes échéances; mais cela n'importe en rien, dès-lors qu'il peut être renouvelé au terme même : sous le point de vue des ventes, nul moyen n'est aussi propre à soutenir le prix des enchères, et le discrédit de l'effet est plus que compensé par la hausse du produit.

Quant aux effets des receveurs généraux, dont la circulation établie au sein des provinces, donneroit autant d'activité aux affaires que d'assistance au trésor, ils ne peuvent se fonder que sur les avances excédantes de la contribution foncière, de crainte d'entraver les versemens courans : et il est plus naturel de traiter ce point dont il a déjà été parlé ailleurs, après être entré dans la matière des impôts.

Le report d'une portion des dépenses, au compte des années suivantes est surtout appropriée aux occurrences actuelles, en ne l'admettant toutefois qu'au titre de secours subsidiaire. Il faut considérer cette opération et quant aux fournitures et quant aux rentes, pensions et salaires.

On est forcé pour donner une base au calcul, de supposer que les budgets des divers ministères resteront à peu près au taux fixé pour 1815, bien qu'une semblable détermination paroisse singulièrement inconvenable : et l'on commence par en excepter les fournitures contractées pour l'entretien des armées alliées, dont il seroit trop dangereux de compromettre l'exécution.

La somme des marchés consentis pour la guerre, la marine et l'intérieur, doit s'élever de deux à trois cents millions, autant qu'il est possible de s'en faire une idée, à travers le silence ingénieux des comptes présentés depuis quinze ans. En les abutant à deux cent cinquante millions par an, il paroît praticable de rejeter cent millions de 1816 sur 1817, et après les avoir remboursés, d'imputer un reliquat de cent cinquante millions de 1817 sur 1818 : ce n'est pas le tiers du montant total des deux premières années.

L'habitude de ces reports est prise depuis long-temps : en allouant des intérêts, en livrant peut-être des valeurs négociables, le sort des fournisseurs s'améliore au lieu de s'aggraver ; et la confiance qui s'établit à l'aide du temps, donne la facilité des négociations privées et des circulations de traites. Leurs droits sont d'autant moins lésés que les engagemens ont toujours été et seront contractés long-temps, sous la réserve d'une prime, en raison des risques qui existoient et des inquiétudes qui durent encore.

Il ne reste donc en ligne que l'intérêt du trésor même : or, le pis-aller est de lui faire encourir le surcroît d'un dixième de prix dans les marchés de l'année prochaine ; et pour lors l'opération se transformeroit en un emprunt à dix pour cent, qui sans doute ne peut être de refus. On s'est étendu sur cet objet, dans la première partie de l'écrit.

La matière des rentes, pensions et salaires, présente une sphère aussi large et plus libre ; la latitude en est resserrée seulement par des considérations morales, dont l'appréciation n'est légitime qu'autant qu'elles sont balancées avec toutes les autres considérations de même nature.

L'effet du report d'une part de cette dette sur l'année suivante, se borne à stimuler quelques épargnes dans la dépense des créanciers, ou à les forcer de recourir aux aides du crédit privé : comme ces deux conditions sont inégalement praticables dans leurs positions respectives, il s'ensuit que l'atermoiement des paiemens doit se graduer entr'eux sous le rapport progressif des créances : un arriéré du sixième, par exemple, ne gênera guère les gens malaisés, et peut s'élever au quart, au tiers ou à moitié, sans porter plus de préjudice comparatif.

Les classes mitoyennes et supérieures sont susceptibles de réduire leurs dépenses d'un quart ou d'un tiers ; et le déficit à peu près égal auquel il restera à subvenir, sera couvert assez facilement par les plus longs termes des fournisseurs que l'habitude attache et que soutient un accroît analogue de prix : c'est ici seulement qu'il s'opère un contre-coup fâcheux pour la production, dont les suites cependant seront à peu près amorties, au moyen de l'extension simultanée du crédit commercial.

On ne parlera pas de la crainte de refroidir les agens de l'Etat dans l'exercice de leurs fonctions. L'exemple parlant du Monarque se joindra aux instructions ministérielles pour en faire sentir la nécessité : une surveillance d'autant plus sévère et une épuration de plus en plus éclairée, ne laisseront percer aucuns résultats funestes. En général les souffrances semblables, et mieux encore les charges progressives, sont supportées sans trop de répugnance, par les ordres communs de la société.

C'est une masse énorme que celle des rentes, pensions et salaires. Les deux premiers objets, en y comprenant les traitemens du culte catholique, doivent s'élever devers cent cinquante millions. Ils rentrent dans une catégorie identique, à raison de l'état des créanciers et du poids des titres : il faut dire que leurs droits, tout sacrés qu'ils sont, restent de nature privée, dès-lors qu'un emploi toujours stérile, ne porte point de profit matériel à la chose publique.

Ici la retenue provisoire n'est guère susceptible de suivre les lois de la progression : il semble qu'elle seroit supportable, en la fixant par moyen terme au quart de la rente pour 1816, et après son acquit, au tiers de la rente pour 1817. On auroit ainsi une décharge de cinquante millions sur ces deux années, à rejeter au compte des suivantes.

Les salaires qui dépendent de la guerre et de la marine, de l'intérieur et des finances, annoncent un caractère moins précieux en titre et moins délicat en fait : il faut y joindre les gages et les remises des agens chargés de la perception des impôts, dont le paiement se prélève sur leur produit brut. On a vu que le coût de cette seconde classe s'élevoit à quatre-vingts millions sans parler des remises; la première classe ne doit pas s'éloigner de cent vingt millions.

C'est donc plus de deux cents millions, dont il convient de distraire les fonds appliqués à la solde des simples militaires. L'excédant d'environ cent quatre-vingts millions est réparti dans des proportions fort inégales; un tiers peut l'être au-dessus de 5000 francs de salaire, un tiers de 5000 à 2000 francs, et un tiers au-dessous de 2000 francs; la retenue seroit assise convenablement à la moitié, au quart et au sixième.

Il s'établiroit donc un report de près de soixante millions de 1816 à 1817 : et comme l'habitude de l'épargne se prendroit peu à peu, en remboursant cette avance sur 1817, on pourroit porter le reliquat de cette dernière année jusqu'à quatre-vingt-dix millions.

Par cette méthode les années réunies de 1816 et 1817 seroient dégrevées en somme de trois cents millions environ : et les années 1818 et 1819 seroient chargées du remboursement, la première pour un tiers et la seconde pour les deux tiers. On verroit alors si les fonds en devroient être faits au moyen des ventes ou par l'aide des emprunts, dont les chances respectives se trouveroient plus favorables qu'à cette heure : on verroit si des négociations ou des émissions de billets libres ne pourroient pas assurer l'avantage d'en disséminer le fardeau sur un plus grand nombre d'années, de sorte à y subvenir par des impôts peu à peu accroissans.

---

# DE L'IMPOT INDIRECT.

On a dit que la consommation, en la saisissant sous un point de vue général, constituoit la fin essentielle et radicale des sociétés humaines, dont toutes les combinaisons sont ainsi tenues de se coordonner devers son seul intérêt. Son exercice s'opère par l'emploi du revenu libre, à l'acquit du prix vénal; et c'est de leur proportion respective que dépend son extension ou son resserrement.

Or ces deux élémens ressortent nécessairement de l'état du produit national, qui forme le revenu particulier d'une part, et de l'autre détermine le prix des denrées : si la production ne comporte pas le but abstrait où il faut tendre, elle indique du moins la seule voie par où on peut atteindre à la fin capitale : et comme l'impôt agit ou réagit sur elle avec une grande autorité, il doit se fixer d'après ses prescriptions, afin de ménager l'intérêt de la consommation.

En les comparant l'une à l'autre, il semble

d'un enfant à la mamelle qui par l'influence des positions respectives, ne sauroit jouir de la santé qu'autant que sa nourrice se soutient en force, et se guérir de ses propres maladies, qu'au moyen des remèdes qu'elle prend elle-même. La consommation représente l'enfant, et la nourrice est désignée par la production.

Il a été avancé de plus, que la consommation supportoit en dernière analyse tout le coût des divers impôts soit médiatement soit immédiatement, sans même en excepter les taxes directes. Et en effet leur résultat tend constamment à altérer le revenu libre ou à aggraver le prix vénal, qui entrent seuls dans son compte de profits et pertes : la seule décharge qu'elle éprouve à cet égard, provient de la part prélevée sur les épargnes, dont le contre-coup, quoique moins prochain, ne tarde pas cependant à l'affecter aussi.

Il suit de là que les deux règles primordiales de l'impôt, consistent à entraver le moins possible la production, et à s'exercer par le mode le moins coûteux. On n'en fera l'application dans ce moment qu'aux contributions indirectes.

Comme la mode ou la manie est prédestinée depuis des siècles à dominer sur l'esprit français, et comme par sa nature même, elle varie au hasard d'un jour à l'autre, il se trouve maintenant établi en principe, que les droits de douanes ne doivent point être calculés, à l'effet de fournir des rentrées au trésor, mais bien dans la vue de favoriser l'industrie. En procédant ainsi par la méthode des axiômes, c'est imposer la question préalable devant les raisonnemens ; et l'œuvre de les produire avec succès, est d'autant plus difficile, lorsque le seul intérêt vraiment rallié et coalisé dans la société, l'intérêt du commerce, étouffe de ses clameurs concentrées, les plaintes éparses de l'intérêt général.

Cependant sous le second rapport indiqué ci-dessus, la matière imposable la moins coûteuse à exercer, se voit fournie par les denrées d'importation et d'exportation. Les frais de perception sont modiques et les risques de fraude sont aisés à parer : une grande partie de ces denrées est deversée presque aussitôt dans la consommation, de sorte que le droit ne lui porte aucun escompte à débourser ; et l'autre partie plus lente à parvenir, passe par des mains assez riches pour faire les avances à un taux modéré.

Il faut parler en sens inverse, quant aux denrées indigènes que le fisc prétendroit atteindre. Les dépenses de l'exercice et les dangers de contrebande, se multiplient réciproquement jusqu'à un terme incommensurable : les saisies et les amendes, les ventes forcées et les peines infligées, occasionnent des pertes sèches, pendant que l'habitude des actes coupables propage la paresse et diminue les produits. D'où il arrive que le tarif nominal du droit se trouve surchargé de mille faux frais, lorsque son remboursement est effectué par la consommation.

Quant à la règle qui prescrit à l'impôt de ne point entraver la production, elle se trouve religieusement observée dans les droits de douane relatifs à des matières purement consommables : à cet égard il n'existe que la légère crainte de distraire du revenu, par l'effet de la hausse des prix, un certain excédant de fonds qui devoit s'appliquer à la commande des produits indigènes ; et s'il falloit apprécier en quelque degré cet inconvénient, la conséquence inévitable seroit de fermer la porte à l'introduction de ces denrées.

On ne peut trancher la question aussi franchement à l'égard des matières productibles, des matières susceptibles de recevoir en elles-mêmes ou d'imprimer à d'autres produits un accroît de valeur réelle : il est clair que l'élévation du prix vénal tend à réduire leurs emplois naturels et à diminuer ainsi la somme des valeurs qui en dériveroient. Mais cette observation n'auroit de poids, que s'il s'agissoit d'examiner l'effet général de l'impôt : il faut des subsides de part ou d'autre; et dès-lors leurs résultats respectifs sont seuls à balancer.

Or tout produit avant d'être livré à la consommation, passe par la filière de diverses sortes de mains-d'œuvre, où il reçoit successivement un nouvel accroît de valeur : quand l'impôt est forcé d'apposer quelques obstacles à cette suite des opérations du travail, il importe que ce ne soit pas à leurs premiers degrés, que ce ne soit pas surtout à l'époque de la création du produit brut : en deçà du terme où sa dure main vient s'appliquer, il ne peut exister du moins ni de gêne pour le producteur, ni de perte dans la production.

Cependant toutes les matières d'importation ont déjà subi une façon préliminaire, dont le profit est acquis aux étrangers; et l'impôt qui les frappe alors, ne s'exerce au détriment de la richesse nationale, qu'en entravant la main-d'œuvre finale qui devoit s'effectuer au sein de l'Etat. C'est le seul rapport qui mérite considération : et souvent ce profit présumé auroit été insignifiant; souvent

vent il ne se seroit établi qu'en échange d'un profit naturel que portoit la matière, depuis son origine jusqu'à sa dernière façon.

Les choses se passent tout autrement quant aux droits assis sur les denrées indigènes. Ici l'impôt arrête de même la formation de l'excédant de valeur qu'alloit leur imprimer le travail, au-delà du terme où elles sont saisies : et c'est une perte tout à fait analogue à celle que déterminent les droits de douane. Mais le mal n'est pas renfermé sous cette limite : aussitôt que l'application de la main-d'œuvre se trouve retardée dans son exercice, la commande des matières premières est restreinte en même proportion : ainsi les produits déjà créés, privés d'un débouché habituel, voient se dégrader leur prix vénal ; ainsi la production future, repoussée au lieu d'être sollicitée, baisse dans sa quotité annuelle ; ainsi la masse de travail qui s'y appliquoit se réduit d'autant, et les moyens d'existence se trouvant altérés, il s'ensuit une déperdition dans la capacité des forces nationales.

Comme la consommation ne fait point usage des matières premières propres à l'industrie, l'avilissement de leurs prix ne porte aucune compensation au bilan de sa dépense ; et son revenu éprouve une perte sèche, tant parmi la classe ouvrière, par l'effet du chômage de son labeur, que parmi la classe opposée, par la réduction des profits réunis du travail et des capitaux, sur lesquels elle doit prélever la prime attachée à la propriété.

Il paroîtroit que dans certains pays où les emplois se disputent le travail, et où les épargnes remplacent à propos le revenu, l'équilibre se rétablit bientôt pour les producteurs, au moyen d'une demande également soutenue. Mais le haut prix n'en porte pas moins un préjudice notable aux consommateurs purs et simples; et s'il arrive parfois que ce dommage soit pallié en apparence, la faveur en est due au progrès de la fortune publique, dont l'excédant sans cesse accroissant, couvre et dissimule la surcharge forcée des dépenses.

Ces dernières réflexions pourroient induire à pencher devers les droits assis à l'intérieur, quand il existe un surplus fixe d'emplois et une masse constante d'épargnes, et surtout quand les branches les plus fertiles de la production, tirent leur nourriture d'une source exotique. Dans de telles circonstances, il n'y auroit pas à hésiter, ce semble, à taxer de préférence les matières de première nécessité, attendu que le retour de l'équilibre se trouve assuré, et que leur immense valeur produit une forte rentrée à l'aide du droit le plus modique.

C'est ainsi que la Hollande supporte facilement l'impôt sur la mouture; la Normandie et la Guienne s'y soumettroient peut-être aussi sans trop de gêne. Mais la généralité du Royaume est trop rare en emplois, trop pauvre en épargnes, trop privée de ressources étrangères, pour qu'un semblable impôt ou tout autre sur les denrées indigènes, n'entraînassent pas des pertes irréparables pour la culture, l'industrie commune et de suite pour la population.

Cependant la situation actuelle de la France suggère des considérations d'un ordre moins abstrait et d'un poids aussi puissant, à l'effet d'assurer la préférence aux droits de douane, sur les taxes intérieures.

La machine est montée pour la perception des premiers, de telle manière qu'il n'y auroit ni frais nouveaux, ni aucuns retards à supporter par le trésor. Quant à celles-ci, au contraire, chaque objet frappé par l'impôt, requerroit un exercice spécial; et la quantité de ces objets devant s'étendre beaucoup afin de ne trop grever ni l'un ni l'autre, il s'ensuivroit une énorme augmentation d'agens et de dépenses : l'exercice seroit obligé de se disséminer sur tous les points, de s'attacher à tous les pas, car les tentations de fraudes suscitées par l'érection d'un impôt, trouvent toujours des facilités presqu'illimitées. Il est impossible que le système fût mis aussitôt en vigueur et produisît de grandes ressources pour le service de 1816.

La matière imposable se présente en outre dans une proportion fort différente des deux côtés. Depuis la révolution, la consommation n'est sustentée, à l'égard des denrées coloniales, qu'au jour le jour, que par des voies clandestines et variables : la rareté des navires, la rupture des relations, le manque de capitaux en France et de crédit à l'étranger, n'ont pas permis des importations considérables jusqu'à cette heure : il existe donc un grand vide dans l'approvisionnement du Royaume, et c'est dans les années 1816 et 1817, que les embarras s'aplanissant peu à peu, il devoit se remplir à son niveau naturel. De là l'impôt trouveroit à s'exercer sur une masse prochaine et prolongée d'arrivages.

Au contraire, la consommation des produits intérieurs s'est nécessairement réduite pendant le cours de trois années de tourmentes et de désastres, tandis que la fabrication excitée par des espérances qui la trompent si souvent, et forcée de pousser à tous risques pour ne pas compléter sa ruine, n'a pas dû s'arrêter dans un rapport semblable. Il reste une immense réserve dans les manufactures et les magasins; et les matières déjà œuvrées, avilies comme elles sont par l'effet de la pénurie générale, primeront sur le marché les objets soumis aux droits nouveaux, de sorte à les en expulser. Ainsi les fabriques tombées en état de stagnation, ne fourniront de long-temps aucune matière à l'impôt.

Et ce n'est pas tout. Au moment où l'industrie enfin débarrassée de cette concurrence écrasante, devoit se relever, il arrivera que ses produits haussés de prix par l'effet de l'impôt, ne rencontreront pas un revenu particulier qui se soit assez augmenté en même temps, pour supporter cet excédant : la quotité des commandes ou des achats sera donc restreinte en proportion des prix nouveaux; et par suite la production se resserrera de force sous des limites étroites, que les progrès toujours lents et encore retardés de la richesse nationale, promettent seuls de rejeter plus au large.

En somme, c'est une entreprise fort hasardeuse dans tous les temps et surtout après de telles crises, que de fonder les ressources du trésor sur des taxes indirectes : leur effet immédiat travaille constamment à miner la matière imposable même ; et leur exercice inappris et inattendu, ne rencontre que des obstacles et dans les choses et dans les hommes : il n'est point de spéculation où les mécomptes de toutes sortes soient plus inévitables.

On ne parlera pas du contre-coup que les gênes de l'industrie répercutent jusqu'aux points les plus distans de l'économie sociale. Tout se lie et se tient dans l'ordre civilisé : l'arrêt de la commande aux mains du fabricant, détermine de sa part un arrêt analogue en d'autres mains ; les faillites où il est entraîné par le coup des lois, rejaillissent de proche en proche et anéantissent çà et là, des capitaux, des profits, des emplois : la rentrée de toutes les contributions se trouve ainsi entravée ou retardée, de sorte que l'Etat trompé dans des calculs trop ambitieux, est frustré en outre d'une part de ses plus légitimes espérances.

On ne parlera pas des brèches notables que les taxes intérieures apporteroient aux sentimens d'amour et de respect pour le souverain. Le peuple ne fait pas de calcul sur les besoins et les moyens du trésor, et n'entre en relation avec le gouvernement, que par l'intermède de l'impôt : comme il est confiné au simple usage de ses sens, rien ne le frappe que l'exercice instant et voisin de l'impôt ; comme il est perverti par les influences de la révolution, rien ne l'irrite autant que l'advenance imprévue d'une gêne quelconque. Et tel est le caractère français, que si l'un crie pour son compte, l'autre crie à l'avenant : le feu prend ainsi dans toutes les têtes ; l'effervescence se propage et s'exagère de plus en plus : il s'établit un système d'entente générale qui protége la fraude et isole les agens du fisc. Le trésor supporte de grandes pertes, et le crédit bursal est affecté en même raison que le crédit moral.

On s'est livré à cette ébauche bien foible et bien vague, afin de motiver d'autant, une opinion qui semblera paradoxale dans l'Etat actuel des idées, relativement à l'extension des droits de douane. Mais ce n'est pas qu'on conçoive l'espérance d'en obtenir des résultats efficaces : il a donc paru convenable, pour suppléer aux mesures appropriées à cet égard, d'entrer au parallèle des vices inhérents aux impôts assis sur les denrées indigènes. Tout est relatif dans cette partie du travail; et celle des taxes intérieures qui emporteroit la balance en n'appréciant que leurs poids respectifs, n'en resteroit pas moins sans nul titre de préférence aussitôt que sa comparaison s'établiroit vis-à-vis les droits de douane : il n'est fait d'exception que pour la taxe des cabarets dont l'effet paroît diamétralement opposé à celui de toutes les autres.

---

# DES DROITS DE DOUANE.

En traitant d'un sujet aussi étendu, on est forcé de se borner à l'exposition des maximes les plus applicables au but qui est donné, et de réduire les principales considérations aux denrées coloniales.

Ces denrées se subdivisent sous trois caractères fort différens et même contrastans : elles comprennent des matières consommables, des matières productibles et une troisième classe intermédiaire entre les unes et les autres. Les cafés, les sucres blancs, les épices, etc., portent un type commun ; les cotons, les indigos, les potasses et les bois de teinture sont unis au même titre ; les sucres bruts, les cacaos, etc., forment une catégorie à part.

Cette dernière classe si fortement protégée par l'intérêt exclusif des raffineries, peut se ranger sans risque dans la première. La main-d'œuvre qui s'y emploie est à peu près insignifiante ; l'accroît de valeur qui s'y forme, est produit par la réduction des poids respectifs, plutôt que par l'amélioration même de la denrée : enfin plus des cinq sixièmes de la quantité importée, se trouvent absorbés en nature par la consomption, sans se soumettre au travail.

La seconde classe jouit généralement de la prérogative de fournir un emploi notable au travail, et de produire un accroît imposant de valeurs. Mais une distinction doit être établie entre les matières qu'elle renferme : il n'importe pas seulement de considérer d'une manière absolue, la quotité de travail et de valeurs qui doit en dériver immédiatement; l'influence exercée indirectement sur les autres emplois et les autres profits de la société, se montre d'un plus grand poids encore : il y a un contraste tranchant, entre telle matière qui se trouve exclusivement destinée à s'allier aux productions indigènes et à faciliter leur main-d'œuvre, et telle autre matière qui tout en se revêtant d'une valeur excédante, travaille par contre à entraver la formation d'autres valeurs autant et plus précieuses.

Les potasses, les indigos et les bois de teinture, ne semblent importés en France, que pour prêter un aide indispensable à la fabrication des savons et des draps, dont les matières premières sont ainsi fortement demandées et abondamment produites : il n'y a point de privilége qui ne leur soit dû à un tel titre.

Les cotons au contraire n'exercent de commande que sur une sorte de travail, qui à leur défaut trouveroit sans peine un débouché différent : comme ils s'œuvrent sur eux-mêmes, la production indigène n'est nullement sollicitée ; et même elle se resserre en proportion de la concurrence établie entre leurs fabriques et ses fabriques propres.

Loin que l'anathême soit justement lancé sur les droits relatifs aux cotons, il faudroit dire plutôt qu'un tel motif est assez puissant à lui seul, pour en autoriser et peut-être en exiger l'érection. Vainement l'esprit mercantile, soumis aux dictées de l'égoïsme et rarement inspiré par les vœux de l'intérêt public, s'élève contre cette mesure et s'effraie de la rivalité étrangère : pendant qu'un marché plus étendu sourit davantage à la consommation, la production est favorisée par l'activité de la main-d'œuvre des denrées intérieures.

A bien dire, le débat n'est pas établi entre les êtres abstraits de la France et de l'Angleterre, mais seulement entre les matières très-réelles des cotons exotiques, et des laines et lins indigènes : la taxation des premiers décerneroit une prime aux derniers ; ou en d'autres termes, la liberté absolue de l'introduction de ceux-là équivaut à l'établissement d'un impôt, d'une entrave quelconque sur la production brute et les premières façons de ceux-ci.

Il faut en venir à l'objet capital, aux matières purement consommables, qui renferment les cafés, les sucres blancs et les épices. Si la consommation est la fin essentielle et radicale des sociétés, c'est en la considérant en masse et non pas sous des rapports privatifs : ses diverses branches sont le plus souvent en état d'antagonisme, de sorte qu'on nuit à l'une en voulant servir l'autre ; et dès-lors que l'impôt est forcé de porter ses coups ici ou là, la question se réduit à balancer les conséquences respectives.

En outre, la consommation supporte en dernière analyse, le coût de toutes les charges qui ne sont pas prélevées sur le capital : sa gêne est égale soit que le revenu dont elle se sustente doive être réduit avant d'entrer dans sa caisse, soit que les denrées qu'elle emploie doivent augmenter ses déboursés par la hausse de leurs prix. Ainsi son intérêt bien entendu commande la préférence en faveur des impôts les plus économiques.

Or les denrées désignées se trouvent en première ligne à ces deux égards. D'une part elles ne se prêtent pas à recevoir aucun accroît de valeur, et ne servent nullement au maintien de la capacité habituelle du travail : de l'autre elles se jettent comme d'elles-mêmes au-devant du droit fiscal, et se rendent assez vîte sur le marché, pour que son avance ne soit pas aggravée par les frais d'escompte.

Dès-lors que l'impôt est appelé à attaquer un objet quelconque de consommation, il faut avant de se rabattre sur tout autre, que la matière imposable offerte par ces denrées, soit absorbée en totalité. La taxe doit s'arrêter au point seulement que nulle force ne peut franchir; elle doit se limiter seulement à l'époque où l'élévation de son taux atténueroit les rentrées, en réduisant l'emploi de la denrée : ce n'est pas autrement que la matière imposable décèle le dernier terme de son épuisement.

Le fameux axiôme que deux et deux ne font pas quatre, est tenu de se soumettre au contrôle plus certain de l'expérience. La justesse de son application dépend de la nature des matières taxées, et de la proportion du droit avec leur valeur première : il est tout différent pour les débouchés, que le prix naturel soit quadruplé ou doublé ; et bien que cela paroisse étrange, la réduction s'opère dans la consommation, non pas d'après l'insignifiance réelle de l'emploi, mais plutôt à raison de la malaisance relative des acquéreurs : en fait de sels, par exemple, deux et deux ne font pas deux et demi, tandis qu'à l'égard des cafés et des sucres, deux et deux feroient trois et demi au moins.

Avant la révolution, il s'importoit cent vingt millions pesant de sucres et de cafés, au prix moyen de quinze sols. Le cours est monté à cent sols, sans que l'importation légale se soit réduite au-dessous de quarante millions : au cours actuel de trente sous, elle se rétabliroit à quatre-vingts millions ; et si un droit excédant élevoit le prix à quarante sols, elle ne baisseroit qu'à soixante-dix millions. Le montant du droit seroit presque triplé, que la matière imposable ne diminueroit pas d'un septième.

Il est vrai que les frontières sont ouvertes de sorte à favoriser la fraude. Mais il est probable que cet état de choses va cesser ; mais le passage n'est libre que par la voie de terre, et les frais de transport, ainsi que les risques de la contrebande, deviennent alors considérables : il est facile d'ailleurs d'aggraver la dépense et le péril, à l'introduction de denrées aussi casuelles et aussi encombrantes.

Pourquoi ne pas établir une seconde ligne de douanes, en deçà des provinces occupées par les alliés ? Pourquoi ne pas exiger la preuve de l'acquit, à l'entrée des villes et sur les routes affluentes à Paris ? Pourquoi ne pas ériger un système de surveillance et autoriser à des perquisitions dans l'intérieur du royaume ? Ces gênes ne seront jamais que passagères, et n'atteindront point les particuliers.

Il conviendroit d'apprendre aux badauds qui tenteroient de s'en tourmenter, que le laboureur dont ils tiennent leur pain, est forcé de se resserrer de moitié dans l'usage du sel depuis sa hausse d'un liard à trois sols la livre, et que les libres citadins de Londres ont daigné se soumettre pendant de longues années à n'acheter leur café que tout moulu.

En tout cas il convient de préciser les pertes causées au trésor par la fraude, car l'impôt ne doit pas se limiter dans la seule vue d'en empêcher les profits : et sur une importation présumée de quatre-vingts millions pesant, on ne peut supposer que la portion introduite par terre s'élevât jamais au-dessus de dix millions, puisque ce seroit la charge de deux mille rouliers ordinaires.

En reportant ici la baisse à peu près égale de la consommation, la matière imposable se trouveroit de soixante millions pesant, au lieu de quatre-vingts millions. Or le droit à six sols sur cette dernière quotité, produit vingt-quatre millions, tandis que le droit à dix-huit sols sur la première, donneroit cinquante-quatre millions : en abutant à dix millions le montant des frais de perception qui doivent être déduits, le bénéfice net d'une part se borne à quatorze millions, au lieu que de l'autre il monteroit à quarante-quatre millions. C'est trente millions à sauver d'autant sur les pertes sèches et les dures angoisses des autres taxes.

Mais il s'est peut-être introduit une masse considérable des denrées de cette sorte, soit par la fraude, soit au tarif de six sols. Ce seroit en appeler les détenteurs au partage des fruits de l'impôt, et leur concéder un profit à percevoir sur les misères publiques, que de ne pas exercer la taxation sur les magasins. Qui s'y résignera de bon gré, n'aura rien à endurer, et pour tout autre, qu'est-il donc à tant ménager? Le mot si choquant et en effet assez barbare de rétroactivité ne sauroit

s'appliquer

s'appliquer ici qu'à ceux-là mêmes qui prétendroient réaliser un lucre échu par cas fortuit et étranger à leurs propres faits.

On ne dira qu'un mot des droits à l'importation des marchandises continentales. En général, lorsqu'il y a rivalité étrangère, leur effet se borne à décerner aux fabriques intérieures, une prime prélevée sur la consommation ; et il est assez indifférent qu'elle soit chargée de cette manière ou de toute autre ; seulement il convient de limiter la prime, de peur d'entretenir l'indolence et la routine chez les manufacturiers.

La chose se présente dans un sens inverse, aussitôt que les objets importés, loin d'être destinés au service immédiat de la consommation, sont utiles et nécessaires à la main-d'œuvre des produits indigènes. Ce ne seroit plus alors le montant du droit tarifé, que la consommation auroit à acquitter ; souvent ses déboursés s'éleveroient au double ou au triple, par l'augmentation du prix de ces produits. C'est sous ce rapport que rentre là question relative à l'introduction des fers, ainsi que de toutes les matières productibles que l'étranger fournit à plus bas prix et de meilleure qualité : l'effet de la prohibition des fers, double le coût d'entretien annuel d'une charrue et d'une charrette, d'où il résulte, soit la hausse des denrées produites, soit la ruine du laboureur et du roulier.

On ne s'étendra pas davantage sur les droits assis à l'exportation, dont la ressource ne peut être importante. Ils doivent être sans doute très-foibles quant aux objets où il y a concurrence ; mais cette concurrence peut déjà être balancée, à l'égard des marchandises que favorise une main-d'œuvre peu coûteuse ou l'influence du sol et du génie. Les soieries et les batistes, les modes et la bijouterie laisseroient peu de risques à encourir et pourroient dès-lors supporter une taxe modérée.

Il est de plus certaines productions indigènes, dont la nature a conféré le monopole au royaume de France. Un droit fixé au dixième ou au huitième de la valeur, n'en augmente pas le prix au dehors d'une manière appréciable, et ne réduit donc pas la quantité habituelle des exportations : or, la consommation totale restant la même, le prix vénal ne baisse pas sur le marché de l'intérieur, de sorte que le montant du droit est soldé en entier par les étrangers. Les vins et les huiles s'offrent dans cette catégorie : si ce devoit être une charge, ils sont d'autant mieux appropriés à la subir, que le cours des choses leur ouvre de nouveaux débouchés ; et la loi est bien heureuse de n'occasionner ainsi qu'un manque à gagner.

Ce seroit le lieu de parler des traités de commerce qui déterminent souvent le tarif des droits de douane, si le temps et les forces ne manquoient pas ; on ne s'en occupera que dans une supposition, dont l'impossibilité est peut-être plus apparente que réelle.

La vaine forme de la constitution anglaise ne décèle en dernière analyse, qu'une puissance unique qui s'exerce à l'aide de diverses agences : c'est l'opinion publique. Ses oracles suprêmes sont toujours proclamés sous la dictée de l'esprit mercantile ou de la vanité nationale ; et les Ministres se voient forcés de consommer devant les autels de la déité, le sacrifice de leur raison, de leur conscience même. Il ne faut pas chercher une autre cause à la plus rude des conditions du traité de paix.

Rien ne flatteroit autant cette nation rivale, qu'un brillant traité de commerce ; et rien ne consolideroit au même point, la prépondérance du ministère. On ose espérer qu'il y auroit moyen, en se prêtant à leur ambition commune, de s'ouvrir les voies d'une négociation à titre d'annuités, qui, en subvenant aux besoins urgens et en disséminant la charge sur quelques années, permettroit de laisser en pleine liberté le cours restaurant des choses : quand même il seroit nécessaire de livrer en garantie, la possession d'une de ces îles dont dispose le premier coup de canon, il n'y auroit pas à hésiter un instant.

C'est sous ce rapport qu'on doit jeter un coup-d'œil sur les effets d'un traité de commerce. Son esprit général seroit sans doute de favoriser l'importation des matières œuvrées et des denrées coloniales : or, le marché intérieur de la France ne les appelle qu'au cas où leur prix soit inférieur à celui de nos propres produits ; il s'ensuit dès-lors un bénéfice pour la consommation ; et comme les impôts sont soldés par elle, ce bénéfice se présente à leur exercice : son bilan restera toujours au pair, si le droit fiscal se tient dans la même proportion que le prix vénal s'est réduit. C'est un accroît réel dans la matière imposable.

Mais les intérêts de l'industrie viennent à la traverse et méritent d'être mis en balance : dans un traité avec l'Angleterre ils ne courent risque d'être blessés, qu'à l'égard des denrées coloniales, des produits métalliques et des tissus de coton.

Quant aux denrées coloniales, le bénéfice de la consommation demeure presque seul en ligne; s'il s'opère quelque perte, c'est au compte privatif des colonies : la richesse nationale ne souffriroit que si les épargnes des îles étoient destinées à se consolider au sein du Royaume, et ce résultat est incertain ou éloigné. Les colonies elles-mêmes, tenues depuis long-temps dans un état de gêne, et habituées par suite aux économies forcées, sont seulement comprimées dans leurs espérances futures, au lieu d'être privées de leurs gains ordinaires : et encore cet effet peu fâcheux porte l'avantage d'exciter les propriétaires, vers la recherche des moyens propres à soutenir la concurrence.

Il est permis de mettre de côté l'article des produits métalliques. L'application suffisante des capitaux et des machines est impraticable dans l'état actuel de la France, et permet à l'Angleterre de les livrer à moitié prix, de sorte que les pertes de l'industrie ne sont plus en proportion avec les profits de la consommation. Une grande partie de ces objets est fournie d'ailleurs en fraude, par les fabriques allemandes, dont l'esprit sobre et laborieux est seul capable de rivaliser avec l'opulence anglaise.

A l'égard des cotons, il paroît que les tissus grossiers et communs ne craignent point la concurrence : le bas prix de la main-d'œuvre compense l'effet moins prépondérant des mécaniques ; et dès-lors que leur emploi n'est plus aussi coûteux, il y a quelqu'avantage à exciter l'émulation de nos fabriques. Or, cette partie comporte les trois quarts de la production des cotons et soutient en même temps, les neuf dixièmes du travail qu'elle commande.

Il ne reste donc que l'intérêt des manufactures de toiles fines, en balance du bénéfice de la consommation, de l'accroît de la matière imposable, et du profit d'une négociation financière : c'est assez ce semble pour décider l'arrêt. On s'y porte avec d'autant moins de répugnance que ces sortes d'établissemens sont tout-à-fait déchus depuis plusieurs années : la différence est grande, de fermer une voie nouvelle aux capitaux et au travail, ou de les expulser de leurs erremens accoutumés ; les pertes sèches sont énormes dans ce dernier cas, tandis que dans le premier, il n'existe pas même de non-valeurs.

Et puisque cette haute considération vient de tomber sous la plume, il faut dire en thèse générale, que le moment actuel, tout pénible qu'il paroît, présente cependant l'unique et propice occasion de trancher sans risques, quant à certains points de l'économie publique, et de la fonder comme à nouveau sur des bases naturelles et permanentes. Tout est à la commande de la loi, dès-lors que tout est en suspens dans la marche des choses; les mesures relatives à l'industrie de même que les lois fiscales, ne nuisent pas tant en raison de leur direction, telle qu'elle soit, que par le trouble et les entraves qu'elles portent au cours des habitudes. Ce qui importe seulement et par-dessus tout, c'est d'agir dans un tel sens, que les circonstances futures ne doivent pas frapper à l'encontre et de telle manière que la législation ne puisse jamais renverser l'ordre ainsi établi.

## DES DROITS A L'INTÉRIEUR.

Différens objets se présentent ici à l'attention, les liqueurs, les octrois, les tabacs, les sels et les objets d'industrie.

On est toujours étonné de voir comment un grand nombre d'impôts, confondent sous un titre abstrait, les matières ou les résultats qui diffèrent le plus. L'impôt sur les liqueurs réunit à la taxe des débitans, le droit des fabrications des bières, bien que ces subsides agissent en sens contraire sur la force et la richesse de l'Etat.

Le droit de fabrication des bières atteint une matière qui est de première nécessité dans le nord, et qu'il seroit de la plus haute importance de propager au sein du royaume : cette boisson à la fois fortifiante et nourrissante, porte un supplément du dixième peut-être à la capacité quotidienne du travail, et une allonge à peu près égale à la durée ordinaire de son exercice ; or l'impôt réduit ici la consommation, et plus loin l'empêche de s'établir.

Il faut dire en outre que la parité des charges se trouve ainsi rompue entre le nord et le midi. Ce n'est point la taxe sur les cabarets qui peut se placer en parallèle : la conséquence naturelle du principe appeloit une taxe analogue à la fabrication des vins ; et si l'exercice en est plus difficile, ses effets seroient bien moins fâcheux. Aussitôt que l'état des finances, ou plutôt la justesse des plans le permettra, la taxe de la bière ainsi que l'impôt des sels, doit disparoître à jamais des terres d'un Monarque paternel.

On ne s'élève pas contre le droit de mouvement, attendu qu'il porte principalement sur les vins qui ne sont pas taxés à leur origine. Son vice capital est d'empiéter sur le domaine utile de la liberté, et d'enfanter une nuée d'agens vagabonds : ces inconvéniens si sensibles à raison de son foible produit, s'évanouiroient devant une taxation plus profitable. C'est une réflexion qu'il faut faire en matière d'impôts : que leur taux soit plus haut ou plus bas, les gênes personnelles et les frais de perception restent à peu près au même degré ; et si l'état des rentrées est insignifiant, le Gouvernement ne peut concéder en compensation, une remise sur des subsides plus onéreux.

Ce droit étant aboli par le fait, il ne convient pas de le rétablir, à moins qu'il ne s'agisse d'en tirer une ressource importante, ou à moins qu'il ne soit nécessaire pour servir de contrôle à la taxe des débitans : on croiroit qu'à ce dernier égard un exercice plus rigide, ou l'établissement des licences, seroit capable d'en épargner l'office.

La taxe sur les cabarets se présente ensuite : c'est ici, et seulement ici, que les mesures fiscales sont commandées par l'intérêt public : c'est ici que la richesse nationale se relève contre l'ordinaire, en proportion directe des profits du trésor.

Il doit exister en France environ trois cent mille cabarets dont chacun absorbe le temps de deux personnes capables de labeur ; et le vingtième de la population active est ainsi enlevé à des emplois productifs. Ces six cent mille individus ne peuvent vivre à moins de deux cents francs de profit par tête ; et cent vingt millions sont prélevés ainsi sur le revenu national, aux dépens de la classe la plus précieuse. Le paysan et l'artisan passent dans ces lieux au moins deux journées par mois, dont les suites en englobent souvent une troisième ; et le dixième du temps destiné au travail se trouve ainsi perdu et comme évanoui.

En somme, la brèche opérée dans les moyens actifs de la reproduction, se monte à près d'un septième de leur masse naturelle : la cession des provinces de l'est ne seroit pas si sensible au bilan de la fortune publique, et les contributions de guerre n'équivalent pas en totalité au déficit d'une seule année. On n'a cependant porté en ligne ni l'affoiblissement des forces et la réduction de la vie qui en résultent pour le travailleur, ni la déperdition des moyens de subsistance que subit si souvent sa famille délaissée.

On seroit tenté de mettre le feu à ces maisons de ruine, où une liqueur donnée pour soutenir la santé et pallier les misères, se tourne en un poison. Si les temps étoient calmes, si le trésor n'étoit pas obéré, il faudroit établir en concurrence, des débits patentés qui ne vendroient qu'au dehors et à prix fixe : ce seroit alors que l'homme seroit rendu à la société et à la paternité, et que les vins rentreroient dans leurs priviléges légitimes. On n'abandonne pas cette idée, bien qu'il faille l'ajourner.

En attendant, le seul moyen d'agir dans un sens analogue, consiste à porter la taxe sur les cabarets, à un tel taux que d'une part le nombre en soit diminué, que de l'autre la perte des journées soit réduite. Personne ne doute du premier résultat, et le second en dérive immédiatement ; l'occasion seule entraîne les trois quarts des hommes ; l'éloignement des lieux amortira bientôt les habitudes. D'ailleurs la force fait loi ; la même dépense s'y consommeroit encore, que son emploi plus coûteux n'absorberoit désormais que la moitié du temps ; et rarement il y auroit moyen d'augmenter le montant des fonds qui s'y appliquent.

On ne doit pas s'effrayer de la rigueur progressive qu'exigeroit l'exercice d'une plus forte taxation. Les teneurs de cabarets ont abdiqué leurs droits naturels par l'acceptation de la licence ; ils se sont rendus, en vue du lucre, les ilotes du fisc : nulle race ne mérite moins d'égards, et nuls titres ne concèdent plus d'autorité.

Il faut des liens de fer pour refréner l'avidité de l'homme ; il en faut pour lui éviter la tentation du crime, pour le protéger contre la peine et la honte ; il en faut pour garantir l'intérêt des honnêtes gens embarqués dans la même carrière. Celui qui fraude, vole son confrère en donnant à plus bas prix, aussi bien qu'il vole le trésor : trop de crainte et de foiblesse décernent au brigandage, une prime prélevée sur la bonne foi.

Mais il seroit possible, ce semble, de s'épargner tant de soins et de frais, en établissant un système de licences fixes : la longue durée de l'exercice en détermine assez bien les bases convenables dans chaque localité ; et le mode en vigueur depuis six mois contrôle les données fournies par cette voie, en même temps qu'il démontre la possibilité du plan.

Les solliciteurs de licences ne manqueroient pas, car un tel état flatte vivement diverses sortes de passions, et le Français est impatient de se jeter à tout risque sur les voies de la fortune : les pertes qui surviendroient à quelques-uns d'entr'eux, seroient compensées par une épargne d'autant dans des désastres plus intéressans ; le trésor public se mettroit à l'abri du contrecoup, en obligeant au paiement de trois mois d'avance, en exigeant un cautionnement au moins dans les villes.

On part de la supposition qu'il existe en France trois cent mille cabarets. Il sembleroit que les licences pourroient s'élever de 100 à 800 francs ; et leur prix au reste importe assez peu à l'Etat, car plus il seroit foible, plus le nombre des demandes s'accroîtroit. Sur cette base bien hasardée sans doute, le moyen terme monteroit à peu près à 400 francs, de sorte que si les cabarets se réduisoient d'un tiers, il en résulteroit une rentrée de quatre-vingts millions. Or il ne paroît pas que le produit net de la taxe actuelle dépasse quarante millions.

Rien ne doit engager à fixer le cours du débit, non plus qu'à établir une concurrence dans chaque endroit : on ne sait même s'il n'y auroit pas de l'avantage à concéder un monopole local; et ceci ne choquera pas quiconque est pénétré des maux affreux causés par les cabarets : c'est la voie la plus efficace pour restituer au travail tant d'êtres oisifs et tant de journées perdues.

Avant que de passer aux octrois, on dira un mot d'une matière également susceptible d'être soumise à leur action comme à l'exercice des droits réunis. Il s'agit des vins dont le nom seul va susciter toutes les oppositions de l'intérêt mal entendu.

En thèse générale, la matière imposable s'étend dans les denrées, en raison de l'intensité de la consommation; et les produits indigènes peuvent seuls porter ce caractère à un certain degré. Si la loi est retenue dans l'application des taxes à leur égard, c'est par la crainte de réduire la capacité du travail et la quotité de la reproduction : ces obstacles ne s'évanouissent qu'autant que l'état des choses est capable de garantir le retour de l'équilibre, par la hausse des prix de la main-d'œuvre et de la denrée.

On est plus loin que jamais de concevoir une telle espérance, pour les matières de première nécessité; mais les données relatives aux vins sont très-différentes. Cette boisson détermine un effet excitant et non pas restaurant : les forces sont accrues en puissance et minées quant à leur durée; la vie donne d'autant moins qu'une journée donne plus : telle est la vérité en mettant son usage en parallèle avec celui des bierès.

Si la conséquence n'est plus exacte en comparant le vin à l'eau pure, on est en droit de dire sous ce rapport, que le paysan et l'artisan ne consomment que de la piquette; le vin, au lieu d'être pour eux le charme ou le soutien de l'existence, n'est presque jamais que l'instrument d'une débauche perturbatrice. L'intérêt le plus précieux est ainsi mis à l'écart.

Les vins présentent une si grande masse de matière imposable, qu'un léger droit, que le dixième par exemple du prix vénal, fourniroit une ressource imposante sans causer des gênes analogues. L'octroi de Paris donne douze millions, et le droit étant à peu près tarifé au cinquième de la valeur, cela constate une consommation de soixante millions : on seroit tenté de croire que le royaume entier en absorbe dix fois davantage ; mais il faut déduire de la somme, les frais de garde et de transport, de sorte que la matière pourroit monter à cinq cents millions, en la saisissant lors de la fabrication.

L'opinion s'élève contre la fixation de ce terme, bien que l'exception ait été admise quant aux sels, dont les titres sont plus sacrés. Il doit être permis d'observer à l'égard des vins, que la culture en est remise pour les cinq sixièmes aux mains de personnes aisées, et qu'il leur est facile de se former un capital d'épargnes applicables à l'impôt : rien n'empêche d'ailleurs d'accorder des échéances qui concordent avec les époques de vente, ni même de laisser toute liberté aux paiemens, sous la condition d'une prime progressive à raison des retards.

L'économie des frais et la garantie des fraudes, sont assurées à la fabrication : cela balance bien les embarras advenans au propriétaire, et tout annonce qu'il n'est menacé d'aucune perte réelle. Il n'existe point de denrées dont les variations de prix soient

si

si subites et si fortes : la consommation en a pris l'habitude et ne se resserre point sensiblement ; quand elle supporte des différences de cinquante pour cent, un excédant de dix pour cent ne l'affecteroit nullement.

C'est au plus si la réduction des ventes s'opéreroit au tiers du tarif, c'est-à-dire, à trois pour cent, ou au trentième : aussitôt qu'une semblable portion de vignes seroit rendue à une autre culture, les propriétaires deviendroient indemnes; et on ne porte en ligne ici, ni l'accroît du débit intérieur, ni l'ouverture des débouchés étrangers, qui présentent à l'instant même une compensation infiniment supérieure.

Au reste la saisie des vins ne seroit guère plus difficile à effectuer lors de leur introduction dans les villes, ou de leur extradition des pays de vignoble. Cette denrée n'est pas de facile contrebande, et les frais en passeront le profit, toutes les fois que le droit se tiendra devers dix pour cent : les sécurités seront d'autant plus grandes, que sa perception sera répartie à diverses époques et exercée sous plusieurs formes.

La fixation de l'octroi de Paris tend également à éloigner les craintes de fraude et à montrer la convenance relative de l'impôt. Le droit y est porté à quinze francs l'hectolitre, au cinquième environ du prix vénal : il y auroit peu d'inconvénient, s'il étoit assis dans tout le royaume au dixième de ce prix, par la réunion de différens modes. Ce seroit alors une rentrée presque nette de cinquante millions, dont on ne parle cependant que d'une manière subsidiaire, car il s'y rencontre une part des vices reprochés aux impôts, et il existe des ressources bien préférables.

Les octrois en général paroissent rentrer dans une catégorie aussi favorable. Leur effet naturel est d'augmenter la charge des villes, et d'assurer aux campagnes une sorte de privilége tendant à y appeler plus d'habitans. Or dans les villes, le travail est à la fois tenu à un prix plus haut, et dérouté plus souvent de son emploi ; d'où il résulte une gêne pour la consommation, de même qu'une perte pour la production.

L'exemple de l'Allemagne démontre que le siége du travail est mieux placé dans les localités isolées, que parmi les grandes réunions d'hommes : ses manufactures forment des villages, au lieu d'aller se perdre au milieu des cités : en comparant sa statistique avec celle de l'Italie, il est démontré que les villes considérables ne portent point le signe de la richesse de l'Etat, et constituent au contraire une des causes principales de sa ruine.

Sans doute la hausse des denrées détermine une diminution dans les ventes et un arrêt dans la formation des produits : l'effet est certain quand la hausse est générale ; mais si elle n'est que locale, il s'ensuit une légère inflexion de prix dans les endroits privilégiés, dont la consommation ainsi augmentée, vient rétablir l'équilibre.

D'ailleurs la réduction des commandes, occasionnée par la hausse du prix, suspend seulement l'œuvre de la fabrication, qui reprend son cours ordinaire aussitôt que l'impôt est aboli ou que le revenu se relève : la masse des capitaux actifs et la somme effective de travail ne sont nullement altérées par cette voie, tandis que les taxes immédiatement perçues sur les producteurs, anéantissent toujours une portion de l'un ou de l'autre : si l'octroi diminue la consommation des denrées, le paysan se resserrera passagèrement dans sa culture ; et si tel impôt force la vente d'une vache ou la ruine d'une charrue, c'est là culture même qui est abolie d'autant pour un long terme.

La matière imposable soumise à l'octroi,

ne peut se présumer que bien vaguement. D'après les comptes de 1812, le dixième des octrois au-dessus de vingt mille francs, donnoit six millions; ce seroit soixante millions, dont il faut déduire un quart pour les pays restitués. D'autre part, Paris contribuoit dans cette somme pour quinze millions environ : ainsi toutes les autres villes de France réunies, ne payoient que le double du contingent de Paris; et comme elles consomment au moins six fois davantage, leur taxation n'étoit fixée qu'au tiers de celle de Paris.

En supposant que l'octroi de Paris soit assis au dixième de la valeur vénale, sa consommation seroit de cent cinquante millions : celle des autres villes en masse, devroit donc être de neuf cents millions; et un tarif semblable fourniroit quatre-vingt-dix millions, au lieu de trente que donne le tarif actuel. Il est sans doute impossible de le généraliser à ce taux, mais non pas de le porter à la moitié ou au vingtième de la valeur vénale : on auroit alors quarante-cinq millions de produit pour ces villes, et soixante millions pour tout le royaume.

Cependant à l'exception des vins qui paient le cinquième de leur valeur, le tarif des entrées de Paris est calculé dans une proportion assez foible. Un bœuf n'acquitte que dix-huit francs de droits, et un mouton que douze sols : les combustibles et les fourrages ne sont pas au quinzième ; les matériaux sont à peine taxés ; les eaux-de-vie sont plus ménagées que les vins. Ces différens objets pourroient fournir cinq millions de plus pour Paris et quinze millions dans la France, ce qui éleveroit la somme totale à quatre-vingts millions.

Ce seroit à l'occasion de l'octroi qu'il faudroit parler des impôts sur l'industrie, soit qu'on pût être dans l'opinion de leur convenance spéciale, soit qu'on voulût seulement en amoindrir les funestes effets. Leur exercice à l'entrée des villes se montre plus sûr et moins cher ; l'avance du coût de l'impôt, incombe à des personnes aisées et leur est remboursé sans trop de délai : il existe dans la forme même, comme une sorte de prérogative, par cela que l'habitude en est prise à plusieurs égards ; et l'acte effectif de la saisie des matières, s'esquive heureusement à l'attention du peuple.

Rien ne combat contre ce mode, si ce n'est la crainte de ménager une portion des contribuables et d'atténuer ainsi les rentrées du trésor. Mais il faudroit balancer d'abord l'excédant de frais nécessaires pour rechercher le reste de la matière imposable, vis-à-vis de l'excédant de recettes qui devroit résulter de cette recherche; en France les cinq sixièmes peut-être de la haute industrie, siégent dans les villes, et il n'est pas difficile de faire une exception à l'égard de quelques manufactures isolées. Par-delà cette borne, le profit net de l'opération seroit bien modique.

Or, quant à frapper sur l'industrie, il est tout différent de l'attaquer dans ses emplois relevés ou dans ses emplois grossiers. La consommation de cette dernière sorte est dépourvue de ressources subsidiaires pour parer à la hausse des prix, de sorte que sa réduction devient très-considérable; et comme elle se trouvoit déjà bornée au nécessaire absolu, les privations forcées de chaque personne portent sur les besoins de l'existence : l'autre genre de consommation au contraire, se soutient davantage, soit en resserrant quelques dépenses, soit en obtenant de nouvelles aides, sans que dans aucun cas l'individu puisse être affecté d'une manière fâcheuse.

De même, le producteur en fait de haute industrie rencontre, pour subvenir aux retards de ventes et aux accroîts de déboursés, tantôt des fonds d'épargne et tantôt des moyens d'emprunt; l'impôt ne lui inflige le plus souvent qu'un manque à gagner. Mais le producteur dans l'industrie commune, réduit à vivre au jour le jour des profits de son métier, se voit nécessairement exposé par le moindre délai, par la moindre gêne, à tomber dans l'indigence ou même à aliéner l'instrument de son gagne-pain. Il existe en outre beaucoup de provinces où le prix des baux est acquitté par la fabrique plutôt que par la culture; la taxe y causeroit souvent la ruine des fermiers, le malaise des propriétaires, et des pertes sur l'impôt foncier, ainsi que dans les produits.

Il seroit préférable de forcer la taxe quant aux fabriques d'un ordre élevé, s'il falloit absolument obtenir une certaine somme fixe; les frais d'exercice et les risques de fraude sont dix fois moindres dans cette partie, sans compter que l'arbitraire de la perception est possible du moins à y prévenir.

Il seroit préférable de taxer les matières premières de la haute industrie, plutôt que les produits œuvrés de la commune. La maxime contraire n'est admise en général que dans la vue de favoriser la production : or, la production est altérée par le contre-coup de la réduction des commandes, comme par le coup immédiat de la hausse des matières; si telle classe est en état de parer à ce dernier effet, toute la faveur appartient à celle qui ne sauroit supporter le premier. Il n'est point de science où la méthode de procéder par axiomes, soit plus perfide que dans l'économie politique.

On n'en dira pas davantage sur cet objet, où l'attention a été appelée par le bruit de certains projets d'impôts, qui paroissent aussi nuisibles aux progrès de la richesse nationale qu'au maintien de la paix publique, et dont la nécessité n'est amenée que par le refus d'établir un ordre de mesures infiniment préférable.

Les tabacs se présentent après les octrois. Il seroit dur d'aggraver le prix vénal d'une denrée dont l'usage est éminemment propre à tromper le cours du temps, à mêler quelque douceur aux peines de la vie, à soutenir cette force d'esprit qui réagit sur la force de corps. D'ailleurs, il s'emploie dans la culture du tabac, une masse considérable de travail qui ne trouveroit pas aussitôt de remplacement, et diverses sortes d'impôts auroient à supporter des vides ou des retards, par les effets de la malaisance du laboureur et de l'avilissement des baux.

Une telle augmentation du revenu fiscal ne devroit donc s'ordonner qu'en cas d'absolue urgence, d'autant que dans l'état général de pénurie, la réduction de la consommation seroit très-sensible, sur un objet qui ne peut être préféré aux choses de premier besoin.

Après avoir tenté de rechercher parmi les droits assis à l'intérieur, non pas quels sont les plus favorables mais quels sont les moins funestes, dans la supposition que le Gouvernement se croie obligé d'user de cette sorte de ressource, on osera se hasarder à parler d'une certaine taxe qui semble frappée de réprobation dans son principe même, et qui porte un produit à peine accroissant en raison de son tarif. Il s'agit des sels.

La question en général, a été traitée dans deux brochures déjà citées (1); on n'en parlera que sous ce dernier point de vue. Ici le fameux axiome que deux et deux ne font pas quatre, exerce son empire d'une manière prééminente et peut-être exclusive. L'impôt

(1) *Observations comparatives sur la taxe des sels et les droits de douane, et Addition auxdites observations.* Chez Migneret, 1814.

resta long-temps à deux sols la livre et fournissoit quarante millions, dont trente millions appartiennent à la vieille France ; à travers les crises de l'Etat, il seroit difficile et inutile de découvrir ce qu'il a donné au taux de quatre sols, et depuis un an, au taux de trois sols.

Mais du temps de la gabelle, le prix du bail étoit de soixante millions. Si les frais de perception devoient être plus considérables, par contre l'intérêt personnel se trouvoit plus attentif et plus éclairé : la fraude ne dirigeoit les sels que devers des emplois subsidiaires, car chaque individu étoit forcé d'en prendre une quantité analogue à ses besoins : il est facile de sentir que cette obligation soutenoit la consommation au-dessus du point, où la taxe auroit dû la réduire naturellement ; on ne défalquera pour l'excédant, que dix millions, et le produit sera censé être de cinquante millions sous ce régime.

Or excepté trois provinces indemnes de tous droits, le royaume divisé à peu près par égale portion, sous les titres de pays de petite et grande gabelle, payoit l'impôt au tarif de huit à quinze sols la livre : le moyen terme devoit être à dix sols, après déduction faite des provinces exemptes. C'étoit cinq fois le montant de la taxe établie depuis huit ans, et le produit ne s'élevoit pas au double seulement.

Ce rapport des produits étant ainsi constaté, il s'ensuit que l'impôt qui au taux de deux sous donnoit trente millions, n'en eût pas donné quarante au taux de quatre sous, et à peine trente-six à celui de trois sols : l'intérêt du fisc n'est donc compromis entre le premier et le dernier tarif, que pour une rentrée de six millions. Et quand il plaira d'apprécier combien l'emploi plus étendu des sels, soit quant à la nourriture de l'homme, soit dans l'engrais des terres et l'entretien des bestiaux, fourniroit une nouvelle matière imposable aux contributions de toutes sortes, on verra que le bénéfice apparent dissimule une perte réelle.

Un telle considération seroit en droit de s'étendre plus loin. L'impôt sur les sels au taux de deux sous procuroit trente millions et comportoit donc une dépense de douze livres de sel par tête : s'il étoit baissé au taux d'un sou, tout intérêt seroit ravi à la fraude, et d'immenses emplois s'ouvriroient à la denrée : ces deux causes combinées éleveroient le montant de la consommation légale, à dix-huit ou vingt livres par tête, de sorte que le produit fiscal monteroit à vingt-quatre millions. Entre la taxe de trois sous et celle d'un sou, la différence des rentrées n'est que de douze millions, et cet accroît est obtenu au détriment des autres impôts.

On n'en dira pas davantage, car la difficulté passagère des temps, tombe malheureusement en accord avec les préventions invétérées de l'esprit : l'oreille abasourdie par les bannales rumeurs de l'épouvante, est fermée aux conseils de la raison, aux calculs mêmes de l'expérience. Il faut ajourner le bien : l'ambition se borneroit à prévenir des désastres nouveaux, et ses vœux les plus ardens sont fort éloignés encore de se transformer en espérances.

---

## DU DROIT DE MUTATION.

Les droits assis sur les mutations à titre gratuit, paroissent injustes à certaines personnes, parce qu'ils sont sensés attaquer le fonds de la propriété. Mais dans le fait, le capital et le revenu se confondent tellement aux mêmes mains, qu'en dépit des prétentions de la loi, les taxes imputées sur celui-ci s'acquittent souvent aux dépens de celui-là : et on ne conçoit pas d'ailleurs comment il seroit refusé à la société, de soustraire de l'un aussi bien que de l'autre, la prime de garantie qui lui est due. Le scrupule d'attenter à la propriété auroit été plus justement invoqué, alors que les décrets se sont permis de bouleverser l'ordre légitime des successions, et de libérer les donations de toutes entraves, sous prétexte d'éviter les litiges judiciaires, ou de respecter les dernières volontés.

Rien n'autorise davantage à s'élever contre l'inégalité de la répartition. Si les taxes sont permanentes, chacun est appelé tour à tour à s'y soumettre; et si le tarif n'est que temporaire, la chance est semblable à la promulgation de la loi, pour tous ceux qu'elle désigne à leur exercice.

Il en est de même à l'égard des mutations à titre vénal. La hache révolutionnaire s'est appesantie avec plus de fureur encore sur les biens acquis, que sur les droits éventuels. Il a fallu courber la tête cependant, et réprimer la pensée au secret des ames; la crainte de troubler la paix publique, a prévalu sur toutes les inspirations naturelles : et pourquoi donc, après que ces dictées ont semblé tellement prépondérantes, devroient - elles rester désormais sans aucune efficacité, comme si leur ascendant s'étoit épuisé dans une prescription de cette sorte?

Les sacrifices requis sont en comparaison de la classe des infinimens petits : loin de comporter l'abolition des moyens d'existence, ils ne se prélèvent qu'à un foible taux, qu'au moment opportun et presqu'à l'insu de l'imagination. Si la loi en inflige l'obligation, c'est parce que la perte subie d'une part, épargne une perte plus forte de l'autre : son but n'est pas de frapper l'individu, mais de protéger l'Etat, de taxer à tout hasard, mais de taxer d'après le calcul des moyens et des effets respectifs.

Et qu'est-ce que cette égalité si vantée en fait d'impôts ? S'il s'agit des subsides fonciers, c'est toujours le cinquième du revenu, bien qu'ici les frais de culture soient doubles, et que là, les produits soient absorbés par les besoins de la vie : l'égalité est incontestable en chiffres, comme l'inégalité l'est dans le fait. Les contributions assises sur les matières de première nécessité, donnent un résultat analogue, car la consommation est presque au pair pour le riche et le pauvre ; d'autant le tarif est pareil pour la denrée, d'autant la charge est disparate vis-à-vis de la fortune. Que l'esprit fiscal invente telle forme et tel titre qu'il lui plaira, il n'en émanera jamais sous ce rapport, qu'une capitation effective, qu'une taxe fixe à tant par tête.

La seule conséquence de ces observations tendroit à réduire le droit de mutation sur les objets qui n'atteindroient pas un certain minimum : et l'on tiendroit fortement à cette condition, car le principe essentiel est de ne pas immoler l'avenir pour sustenter le moment présent, de ne pas aggraver l'impôt, quand son plus mince à-compte s'extrait déjà du capital de la subsistance.

On seroit bien embarrassé pour détermi-ner la capacité de matière imposable qui est offerte par les mutations à titre gratuit. Les comptes rendus depuis quinze ans, n'ont ja-mais prétendu éclairer sur le montant des recettes : la dernière fiche de consolation ac-cordée en 1813, se bornoit à proclamer que la guerre avoit coûté cinq cent quarante mil-lions, et que l'enregistrement avoit fourni cent quinze millions.

Les calculs ne peuvent être que fort hasar-dés. La propriété foncière doit s'élever à un capital de trente milliards, et suivant les don-nées reçues, les générations se renouvellent tous les trente ans : il sembleroit donc que la matière imposable monte annuellement à un milliard de capital. Il y a moyen proba-blement d'en extraire en somme, cinq pour cent du montant ou autrement le revenu brut d'une année.

Rien n'importeroit comme de ménager les successions advenues dans l'ordre naturel; et la loi fiscale devroit être fière de donner une dure leçon aux lois civiles. On seroit presque tenté de rejeter tout le fardeau sur ces spo-liations légalisées, dont l'acceptation ou même la recherche n'empêchent point certaines gens de se prétendre indemnes des faits et

gestes

gestes de la révolution : mais la simple raison n'est douée que d'un foible empire sur l'esprit de l'homme; son imagination est épouvantée tout d'abord par le taux nominal du tarif.

Il faut cinquante millions. Pour les obtenir, il paroît nécessaire de porter le droit à deux et demi, sur les successions en ligne directe.

Les successions collatérales ne sont pas moins sacrées sous le point de vue abstrait. Mais elles incombent rarement dans l'état ordinaire des choses, plus rarement encore depuis que les lois sont interverties et les relations anéanties : si le titre est valide, l'attente n'est pas sortable; et plus que le titre encore, l'attente confère un droit efficace, par cela seul qu'elle entre aux bases de l'existence morale, par cela qu'elle détermine des erremens analogues.

Ces successions ne comportent à cette heure qu'une sorte d'aubaine : le profit restera assez haut en proportion de l'espoir, lorsque les héritages provenant de frères et de sœurs, ou d'oncles et de tantes, seront taxés à cinq pour cent, et les autres à huit pour cent. Le pis aller est de passer deux années dans l'état qu'il eût fallu garder toute la vie, si le parent s'étoit marié, s'étoit ruiné ou s'étoit dépouillé.

Maintenant il faudroit foudroyer. On veut parler des donations au-dessus de certaines limites, dont la loi n'a point encore resserré la latitude, comme si ce n'étoit pas tout de même, d'ériger un système inique ou d'en protéger l'exécution : et dans le nombre, la première place est dûment accordée aux donations passées entre époux, qui le plus souvent allotissent en deux parts, la justice et la fortune, pour laisser l'une toute à ceux-ci, et déférer l'autre toute à ceux-là.

On veut parler des successions transmissibles à rebours ou des enfans aux ascendans, des successions échéantes d'après l'extrait d'âge et au plus près du ventre, des successions également partables à tout hasard du côté paternel et maternel, qui toutes travaillent à étouffer les dictées de la nature, et à dépraver l'esprit de famille où l'Etat à peine rassis devoit rechercher ses antiques bases.

Ces transports insolites des richesses seront d'autant plus entravés, que le droit s'élevera davantage : le tarif portera comme un avis salutaire, aux uns pour ne point se livrer à la licence légalisée, aux autres pour se soustraire aux lois illicites. Et s'il en arrivoit autrement, l'impôt du moins ne se percevra que sur des rentrées indues, tandis qu'il est trop souvent obligé d'attaquer les droits les plus précieux et d'empiéter sur le denier de la veuve.

On voudroit faire main basse, et il n'est permis que d'imprimer quelques coups de verge au compte de la pudeur offensée : c'est le moins cependant que ces transactions passées entre les cupides tentations et les aides révolutionnaires, soient frappées d'une taxe de dix à douze pour cent sur le capital.

Et sans doute en les considérant en première ligne, il sera d'autant moins difficile de se décider à la révision de tous les accords contractés depuis dix ans, à l'égard de la perception des droits de mutation. La loi est revenue souvent sur des actes consommés en apparence; le droit est toujours persistant, de se pourvoir contre des faits de fraude et d'iniquité : s'il est assigné des termes si contrastans aux diverses sortes de prescriptions, c'est à l'effet de mieux constater que le principe n'est valable et applicable, qu'autant que les traces du délit ou de la méprise se trouvent abolies.

Il n'y auroit pas moyen de se résoudre à

imposer des charges nouvelles sur une nation déjà obérée, avant que d'avoir épuisé toutes les sources capables d'apporter des assistances licites : sous ce rapport, ce n'est plus un pouvoir dont est investi le Gouvernement, mais bien un devoir et le devoir le plus sacré dont il subit l'obligation.

Or, on calcule les mutations gratuites à un milliard par an, et le moyen terme de la taxe étoit de deux pour cent du capital : tout donne lieu de croire que sa perception ne s'est pas réalisée à la moitié du taux légal; il resteroit ainsi dix millions à palper par chaque année, ce qui donneroit cent millions pour les dix ans.

Les présomptions morales manquent également de fondement, quant à la matière imposable, que fournissent les mutations à titre vénal : il n'y auroit même nulle raison à partir de sa quotité pendant quelques années, pour fixer celle qui doit s'offrir maintenant. La rareté des aliénations depuis 1813, en garantit au contraire l'affluence pour 1816 et 1817 : les dettes obérées d'intérêts nouveaux, consommeront une plus forte somme de biens, et le denier de vente réduit par divers motifs, influera dans un sens analogue.

Quelque dur que soit ce calcul, il faut

procompter le résultat inévitable des faillites et des pertes quelconques qui tendent à jeter sur le marché une part des propriétés ; il faut, avec plus de plaisir, apprécier la quantité des ventes qui doivent avoir lieu, de la part de maintes personnes fort heureuses sans doute de pouvoir disposer de leur fortune : il faut mettre en ligne certains contrats de nature étrange mais de sorte légale, que le poids des évènemens et peut-être le retour de quelque pudeur, ne peuvent manquer d'amener en abondance.

En ralliant toutes ces causes dirigées vers la même fin, on se croit certain que les aliénations s'éleveront, en 1816 et 1817, au double de leur montant en 1812 et 1813, car les deux années intermédiaires se refusent à toute comparaison. Si on supposoit que leur terme moyen s'élève en général à la moitié des mutations à titre gratuit, ou à cinq cents millions, il est naturel de compter sur un milliard pour les deux premières années. Et en portant le droit principal à six pour cent, les rentrées du trésor devroient être de soixante millions par an, sans y comprendre le dixième ni le droit de transcription.

Or ce taux paroît supportable, car l'imagination n'est pas assez subtile pour être fortement frappée d'un cinquantième de différence : d'ailleurs le débat sur le prix capital, s'opère dans une proportion beaucoup plus haute, qui doit s'augmenter encore par l'effet des oscillations du prix vénal à la suite de tant de crises.

C'est au plus si le quart des ventes libres sera arrêté dans son cours; et comme cette sorte de vente ne peut aller à la moitié des aliénations obligées, il ne se retirera pas un douzième de la matière imposable sous le coup de la perception. La soustraction frauduleuse d'une part du prix, ne pourra s'étendre hors de cette classe, puisque les créanciers ont le droit de surenchérir; il suffira de quelques exemples sévères pour en réprimer l'usage, que la défiance rend déjà assez rare.

Cependant ce n'est parler encore que dans l'intérêt du trésor, et personne ne seroit plus ardent à soigner des intérêts au moins aussi précieux. Mais il en est ici comme pour les taxes de guerre : il faut des fonds, voilà l'ultimatum. Et dès-lors qu'il n'y a pas moyen de décider à forcer la charge, suivant les dictées de l'équité relative et de la vindicte publique, il devient nécessaire de la répartir également sur les capitaux matériels, abstraction faite du juste et de l'injuste. C'étoit assez peut-être d'imposer l'indemnité d'un cinquième, sur le produit des ventes destinées à l'exportation, pour ménager l'excédant du cinquantième en faveur des transactions les plus respectables.

La cause des personnes forcées de vendre, par le coup des malheurs privés ou des désastres publics, seroit digne d'une haute considération : mais on peut avancer à cet égard, qu'en général le droit retombe plutôt sur l'acquéreur, attendu que l'agrément ou la convenance, qui sont sans prix, entrent pour une forte part dans ses desseins.

On seroit heureux d'espérer aussi que les motifs de certains contrats pussent devenir assez puissans pour rejeter l'accroît du tarif au compte des détenteurs légaux; et bien que cet effet soit dans un sens inverse, comme les données ne sont nullement analogues, on ne laisse pas que d'y reposer quelque foi.

Au reste, il appartient à la direction que doit suivre le Gouvernement, de prononcer sur la convenance de faire la remise du droit excédant, en faveur de cette dernière classe de contrats : tout indique assez qu'une telle mesure en multiplieroit la quantité, de sorte à couvrir le déficit apparent des rentrées. Et puisque ce n'est ni le lieu ni le moment de faire une invasion hors du domaine de l'économie politique, on se bornera à dire que la fortune publique gagneroit infiniment à ce résultat, sous le rapport d'une plus juste et plus douce administration des fermes, sous le rapport du rétablissement de relations moins ruineuses et moins perfides entre le riche et le pauvre, sous le rapport enfin du retour d'une consommation mieux entendue et mieux soutenue dans l'intérêt général de la production.

Il ne reste qu'à rechercher s'il conviendroit d'augmenter le droit fixé à la transcription et le droit assis sur les obligations. On est arrêté à ces deux égards par une observation importante qui se trouve rarement appréciée dans les lois fiscales. Le taux de l'impôt sur les aliénations, tel élevé qu'il soit, n'induira jamais les propriétaires à passer leurs contrats sous signature privée : mais il arrive, on ne sait trop comment, que l'imagination est moins frappée des risques attenant au défaut de transcription ou au manque d'hypothèque; et la loi doit être assez fidèle aux prescriptions morales, pour ne pas se hasarder à pousser des acquéreurs ou des créanciers, devers le mépris des règles qui sont seules capables de garantir leur sécurité.

## DE LA SURTAXE FONCIÈRE.

Honneur à celui qui, toujours dignement inspiré et jamais intimidé par la force des circonstances, après avoir le premier montré l'exemple trop mal imité, d'opposer un front d'airain à l'invasion de l'usurpateur, vient donner au ministère, en ce moment même, la leçon dont l'Etat attendoit peut-être son salut.

On ne connoît que de nom le préfet de Strasbourg, et c'est par le bruit public qu'on est instruit de ses mesures. Afin de subvenir à l'entretien des troupes alliées, il lui a fallu surcharger le rôle de la contribution foncière, en diverses fois, jusqu'au quintuple du principal : d'abord le quart ou le tiers des contribuables acquittoient leur cote, puis un sixième seulement ou un moindre nombre encore; et le service étoit assuré sans que la classe productive se trouvât obérée.

Or ce mode porte une analogie marquante avec le plan de la surtaxe foncière dont il a été parlé dans la première partie, de sorte que son exécution garantit la possibilité de le mettre en pratique.

Sans doute les craintes du pillage déterminoient les propriétaires de l'Alsace à se soumettre aux sommations de leur préfet, avec plus d'autorité que ne peuvent exercer les sèches et mortes inspirations du bien public, sur les propriétaires du Royaume. Mais bien que le risque soit moins imminent, il n'est pas moins très-réel et très-certain; bien que la nécessité ne presse pas aussi durement, elle est cependant tout aussi manifeste : et ne devroit-il pas poindre quelque sentiment de honte, à voir la France se refuser, aux risques de compromettre la patrie, à des prescriptions qu'une province accueillit dans la vue de protéger les fortunes privées?

S'il en est besoin, il conviendra seulement de se résoudre à employer des moyens de rigueur, en tête desquels le séquestre se montre à la fois, le plus efficace et le moins funeste. Ce n'est qu'à la force qu'il fut donné de tout temps d'appeler l'insouciance à l'aide du dévouement, de répartir les charges en raison des biens plutôt que des vœux : dans toutes les transactions politiques et surtout après des crises perturbatrices, la force seule est douée de se montrer loyale et juste, clémente et généreuse.

Il faut maintenant reconnoître la masse de matière imposable fournie par la propriété foncière, sous les limitations qui ont été fixées ailleurs. La statistique est si peu avancée encore, qu'il n'existe aucune notion réelle, sur la division des terres, entre les différentes classes de l'opulence et de l'aisance, de la médiocrité et de la misère : on a lieu de penser seulement que leur revenu brut se monte en totalité à quinze cents millions; et pour pénétrer plus avant au secret de sa répartition, nulle voie ne semble offerte que par les états des plus imposés.

On croit que tous les départemens ont rempli la liste légale des plus imposés, au nombre de quatre cents par moyen terme, et au tarif de 300 francs d'impôt, ou de 1800 francs de revenu. Or, dans les plus misérables, il se présente sur cette liste un nombre de fortunes au-dessus de 12,000 fr. de rente, un plus grand nombre au-dessus de 6000 francs, et la presque totalité dépasse le *minimum* de 1800 francs; en sorte que là même, il n'y a pas de risque d'exagérer, en supposant que les quatre cents plus imposés possèdent l'un dans l'autre 6000 francs de rente, ce qui feroit entre eux tous un revenu de 2,400,000 francs.

Il faut y ajouter les propriétaires jouissant de 6 à 1800 francs de rente, qui sans être en état de payer la cote entière, peuvent du moins en acquitter une partie, d'autant qu'ils ont toujours des moyens supplémentaires d'existence; on peut en abuter le nombre à six cents, et le taux moyen à mille francs de rente, d'où chaque département porteroit trois millions de revenu taxable.

Par ce calcul, la France présenteroit une matière imposable de deux cent quarante millions qui est déjà grevée d'une contribution de quarante millions. Mais ces suppositions ont été prises au dernier terme, et leur base est fondée sur les pays les plus pauvres : il convient de ranger les quatre-vingts départemens dans un ordre catégorique, où chacun se trouve plus justement apprécié. Le relevé de la contribution foncière en 1812, peut guider dans ce travail.

On y voit à peu près vingt départemens qui paient au-dessous de deux millions, vingt qui paient de deux à trois millions, vingt de trois à quatre millions, et vingt au-dessus de quatre millions. La première classe renferme nécessairement les départemens qui fournissent trois millions de matière imposable; et il sembleroit d'abord que la matière doit s'accroître dans la même raison que les contributions : mais cette pensée qui seroit fort juste s'il s'agissoit de fixer le revenu général de chaque département, n'est nullément applicable lorsqu'on prétend rechercher le montant des revenus particuliers au-delà de six cents francs.

Les provinces de France se trouvent plus dissemblables entr'elles, que la France même ne diffère de l'Angleterre et de l'Espagne : chacun sait que les propriétés y sont moins morcelées, d'autant que les contrées sont plus riches : leur division est toute contraire en Normandie et en Bretagne : ici la moitié au moins des terres appartient au cultivateur, et là, il n'en possède pas la dixième partie; de même, les fortunes libres sont ici au moyen terme de mille francs de rente, et là, à celui de six mille francs.

La matière imposable d'un département taxé à trois millions sur le rôle foncier, n'est donc pas seulement de moitié plus forte que celle d'un département taxé à deux millions : elle s'élève au double environ dans cette seconde classe, au triple dans la troisième, et sous un rapport encore plus haut dans la quatrième.

Dès que cette matière est calculée à trois millions dans les vingt départemens du minimum, elle doit être abutée à six millions dans vingt autres, et à neuf millions dans les vingt suivans : quant à ceux qui paient au-delà de quatre millions de contributions, l'appréciation est impossible à fixer en bloc, attendu que la progression varie trop fortement de l'un à l'autre ; on pense que la matière s'y élève au sextuple au moins, sans même tenir compte de Paris, et se trouve ainsi de dix-huit millions.

Ainsi le moyen terme de matière imposable de chaque département, monteroit à neuf millions, et sa totalité pour le royaume, à sept cent vingt millions : c'est à peu près la moitié du revenu foncier, ce qui rend le calcul d'autant plus probable. Cette somme de revenu répartie par lots au-dessus de six cents francs de rente, acquitte maintenant une charge d'environ cent vingt millions, dans les rôles de la contribution foncière.

Il ne manque plus qu'à rechercher dans quelle proportion y entrent les divers taux de fortune particulière, en les divisant sous trois classes générales, l'une de 600 à 1800 livres de rente; l'autre de 1800 à 6000 francs, et la dernière au-delà de 6000 francs. On se croit autorisé à supposer que ces trois classes se partagent assez également la somme de matière imposable, que chacune possède ainsi deux cent quarante millions de revenu, et paie quarante millions d'impôt foncier.

Maintenant il sembleroit que la répartition de la surtaxe ne seroit pas insupportable, en la déterminant au tiers de l'impôt pour la première classe; aux deux tiers pour la seconde, et au montant de l'impôt pour la troisième : celle-ci fourniroit donc quarante millions à elle seule, et les deux autres réunies donneroient une rentrée égale, d'où le subside total s'éleveroit à quatre-vingts millions pour le royaume.

S'il se trouvoit un déficit par l'effet des erreurs de calcul, il y auroit moyen de le couvrir en portant la surtaxe au-dessus du montant de l'impôt, quant aux fortunes qui dépassent douze mille livres de rente : la répugnance à cet égard ne seroit pas mieux fondée que sur les autres points, car une dictée générale doit guider dans l'opération.

On n'entend point pénétrer dans la théorie toujours abstraite et souvent erronée, du juste et de l'injuste. On se borne à poser en fait, que d'autant les fortunes s'élèvent de degré en degré, d'autant il s'y développe une plus haute capacité de satisfaire aux charges fiscales, à l'aide de l'épargne ou par le moyen du crédit : les gênes du moment étant palliées et amorties de cette manière, chaque contribuable reste à même d'opter entre le système permanent des économies et la ressource certaine des aliénations, pour se rédimer définitivement de ses avances.

Ce sera communément la voie des aliénations qui tentera davantage, tant est grande l'influence des habitudes d'égoïsme, d'indolence et de vanité ; et on a essayé de montrer combien la perte se trouvera alors peu sensible pour la force et la richesse nationale. Mais ce n'est pas seulement l'imminence et l'importance des prescriptions suggérées dans leur intérêt, qui doivent déterminer vers un tel ordre de mesures : les dépenses obligées du trésor royal sont à jour fixe et d'une somme précise ; il y auroit trop de risques à l'exposer aux retards et aux mécomptes, dont rien ne sauroit garantir dans les nouvelles contributions indirectes.

Il a été parlé ailleurs du mode convenable pour la répartition de la surtaxe foncière : il a été dit que les traites ou cédules des propriétaires seroient consenties à longues échéances, et serviroient à fonder la circulation des effets personnels des receveurs généraux.

Tout

Tout donne lieu de croire que l'établissement de ce plan est susceptible de s'appliquer aux deux ou trois premières années de l'ère financière. Si les économies sont appelées à subvenir pour une part dans les paiemens, une fois que l'habitude en sera prise, la gêne en deviendra moins pénible : si le moyen des aliénations est plutôt choisi, il aura été plus difficile d'en prendre la résolution que d'en étendre l'exécution ; et la prolongation du subside poussera d'autant à suivre cette marche si avantageuse pour l'Etat.

Ce seroit le lieu d'examiner si la surtaxe doit être assise en nature d'avance ou d'impôt. En n'écoutant que les vœux de la chose publique, on est forcé de dire que l'espoir du remboursement en arrêteroit les projets d'aliénation, et rejeteroit une forte part du fardeau, au compte des fermiers ; chaque propriétaire iroit au jour le jour, et prétendroit faire de la terre le fossé ; il s'ensuivroit une série énorme de pertes sèches et de contre-coups funestes dans toute l'économie sociale. Il est difficile d'ailleurs de concevoir comment un tel engagement pourroit être pris avec sagesse, dans un ordre de chances aussi compliquées et aussi éventuelles.

Mais pour clorre enfin le débat sur cette

matière délicate, il faut répéter que dans la manière de voir, ce système porteroit un moindre préjudice aux fortunes qui y sont assujéties, que tous les plans de taxes à l'intérieur dont il peut être question, attendu qu'en dernière analyse, la charge ne peut manquer de retomber sur elles, avec un poids aggravé d'autant par les faux frais de toute sorte.

Et après tout, on n'entendit jamais proposer qu'une ressource subsidiaire, qui devient superflue si les voies préférables sont adoptées. Tout est relatif dans les questions d'économie politique ; la somme effective du mal ne se détermine point par l'intermède des chiffres, et s'atténue ou s'exagère en réalité, d'après l'influence respective des moyens mis en pratique. Or, comme il n'est pas donné de discerner ni de diriger les vues du Gouvernement, on a dû se résoudre à présenter et comparer les divers modes de contributions.

FIN.

# TABLE.

www.ingramcontent.com/pod-product-compliance
Ingram Content Group UK Ltd.
Pitfield, Milton Keynes, MK11 3LW, UK
UKHW022113260726
13993UKWH00001B/493